ちくま新書

# エスノグラフィー入門

石岡丈昇
Ishioka Tomonori

JN259284

1817

# エスノグラフィー入門【目次】

挿画＝ＩＮＡ

# はじめに

**からだを動かしながら社会を調べる。**それが私の仕事です。

これまでマニラのボクシングジムで一緒に練習に参加し、その場を拠点にスラム生活と貧困について調べてきました。

ボクシングの練習空間でもっとも欲したもの、それが空気です。「ワラン・ハンギン（walang hangin）」、直訳すると「空気不足」というフィリピン語は、ジムで頻繁に使われます。スタミナ不足で息の上がったボクサーを揶揄《やゆ》する言葉です。私はいつも「ワラン・ハンギン」で、ミットやサンドバッグを打ちました。

日常生活で、空気や呼吸を意識することはほとんどありません。私にとってボクシングは、人間が空気を吸う存在であることを、あらためて教えてくれる実践でした。

この経験は別の場面にも接続されました。私はＣＯＰＤ（慢性閉塞性肺疾患）という肺の病いを患《わずら》った父と一緒に、東京を地下鉄で移動したことがあります。東京は縦移動が日常に組み込まれた都市です。公共交通を利用すると、階段を使うアップダウンの移動がたくさんあります。

普段生活する岡山から東京に出てきた父にとって、地下鉄構内の階段は壁でした。不用意に改札を出ると、地上階までエレベーターがありません。口を大きく開き、肩で息をし、階段を数段上がっては休む姿を見て、自分が父の向き合う困難を何もわかっていなかったことを思い知らされました。

空気と肺はつながっています。父は定年まで町の小さな自動車修理工場で働いてきました。油と埃《ほこり》とタバコに長年まみれて肺を患いました。きれいな空気は、世の中に平等に配分されているわけではありません。在宅酸素療法で酸素を常時吸入するようになった彼は、私を含めて多くが気にも留めない空気のことを、つねに考えながら晩年の生を過ごしました。

空気というあまりにも自明なものを思考の対象にすること。**自明なものに目を向けること**とは、社会を別の仕方で考えることにつながります。

たとえば、空気を考えることは、経済格差（マニラでも東京でも居住地によって空気の不平等が顕著であること）、病い（世界と身体の境界は皮膚だけでなく肺にもあること）、さらには戦争や暴力（ガス室や催涙剤は空気をターゲットにしていること）まで考えることにつながっています。

**エスノグラフィ**とは、こうした自明なものに立ち還《かえ》ることで、社会や世界をこれまでとは別のかたちで問うこと、さらには描くことを探究する実践です。人びとが実際に生きる場面を丁寧に記録し、その現実感から飛翔しないで社会や世界の成り立ちを見つめてみる。そんなエスノグラフィについて、本書では考えていきます。

## †エスノグラフィとは

マニラのスラムを考察するならば、統計資料を駆使して、その総世帯数を捉えるような作業が思い浮かぶかもしれません。もちろん社会調査では、そうした作業は不可欠です。しかし数字を使った把握のみでは、スラムに生きる人びとの具体的な姿は捨象されがちです。その姿に向き合い、人びとが現に生きている場から離れないで人びとの生活を描き出すのが、エスノグラフィです。

エスノグラフィとは、ある対象世界——**フィールド**と呼ばれます——に分け入り、そこで長期にわたって過ごしながら、人びとの生活について記述する研究方法です。また、こうして生み出された作品そのものをエスノグラフィということもあります。

たとえば大学の授業で私と学生たちはこんなやりとりをします。

教員：どんな方法で調査研究しますか？　アンケート、それともインタビュー？

学生：いや、エスノグラフィです。

教員：授業で取り上げたエスノグラフィの中で、一番関心を持った作品はどれでしたか？

学生：ウィリアム・ホワイトの『ストリート・コーナー・ソサエティ』です。

前者の会話では「研究方法」を、後者では「作品」を指す言葉として、エスノグラフィという言葉が使われています。

エスノグラフィは、もともと、**人類学の分野で発展**してきたものです。第2章で取り上げるブロニスワフ・マリノフスキ（1884〜1942）の『西太平洋の遠洋航海者』という名高い著作がそうであるように、調査者が遠く離れた地に赴《おもむ》き、現地での生活のありようを記述してきたのです。

人類学者は、西洋近代とは異なる世界に生きる人びとを記しながら、「人間とは何か」について考えてきました。近代的市民だけに注目するのではなく、世界各地でもっと多様な生き方を送っている人びとの現実を記録することから、この問いに迫ろうとしたのです。

こうした探究においては、あらかじめ作った質問票を持参してその空欄を埋めていくような調査——**サーベイ**と言います——では、限界がありました。もっと生活をまるごと理解する方法が必要とされたからです。『西太平洋の遠洋航海者』の有名な一節を引いておきましょう。

エスノグラファーは、ときには、カメラとノートと鉛筆を置いて、自ら、目の前で起こっていることに身を置いてみるのがよい。現地の人びとのゲームに加わったり、訪問や散歩に一緒に付いて行ったり、座って会話を聞いたりするのがよいのだ。

（『西太平洋の遠洋航海者』61頁）

フィールドに分け入る

カメラとノートと鉛筆を片手に観察に徹するのではなく、「散歩に一緒に付いて行ったり、座って会話を聞いたりする」こと。一緒になって活動しながら、その内容を記していく方法がエスノグラフィです。なお、エスノグラフィの方法を用いる調査者のことを**エスノグラファー**と呼びます。

人類学で鍛え上げられたエスノグラフィは、その後、社会学でも活用されていきました。第3章で紹介しますが、シカゴ大学の社会学者や学生たちが、シカゴの都市問題の研究のためにエスノグラフィを採用したのです。夜のダンスホール、スラム街、ホームレス生活者などをめぐって、濃密なエスノグラフィを執筆していきました。

「シカゴ学派」と呼ばれるこの潮流の影響を受けて、その後、ウィリアム・ホワイトによる『ストリート・コーナー・ソサエティ』という、エスノグラフィの世界的な名作が生み出されます（この本については本書でたびたび言及します）。ボストンの街角に生きるギャング団や政治家をめぐる記録でした。

## †本書の著者について

私について自己紹介をしておきましょう。

私は社会学者で、これまでフィリピンのボクシングジムやスラムをめぐるエスノグラフィを書いてきました。**『ローカルボクサーと貧困世界』**や**『タイミングの社会学』**といった本を出しています。

私は「貧困」や「身体」といった主題に関心を持っています。貧しさが人にどのように惨《みじ》めさを植えつけるのか。長年の肉体労働がいかなるダメージを体に残すのか。エスノグラフィを通じて、こうした主題を考察してきました。

私は大学に入ってから、たまたま履修した授業で、社会学そしてエスノグラフィに出会いました。シカゴ学派についてもその授業で知りました。同時代に生きている人びとの生活の実際に触れながら、そこから離れないで社会について考えること。エスノグラフィとそれに基づく社会学的考察は、とても興味深く思えたのです。

社会学の主たる調査方法は、統計など数値化されたデータを扱うものです。数字を使った社会調査は、私たちの通俗的な社会イメージを刷新してくれます。

誰もが自分は社会階層の中流に属しているとイメージしている。でも、数字を分析すれば、日本には格差が存在している。数字を使って認識を刷新することに、社会学の鋭さがあることも学びました。数字は現実から距離を取ることで認識をつくりかえるものです。

一方でエスノグラフィは距離を縮めることで認識を刷新するものでした。荒れ果てた無法地帯と思われているボストンのスラムにおいて、実際にはさまざまなルールやしきたりが生み出されていること。先に取り上げた『ストリート・コーナー・ソサエティ』には、礼儀正しい市民たちの世界の秩序とは異なっているけれども、そこにはそこの秩序があることが描かれています。なにより、**人びとの息づかいや汗のにおいから飛翔しないで、**社会を考察するというスタイルに、私はすっかり惹かれました。

私は、人類学が強みとするような民俗社会の探究というよりは、近代化を遂げた産業都市の現実に関心があったので、社会学を専門に勉強することにしました（現在では人類学も産業都市社会をめぐる重要な成果をたくさん出しています。この点については第3章で触れます）。

ですが、社会学を勉強したいという以上に、エスノグラフィで研究をしたいという気持ちのほうが、昔も今も強いです。**エスノグラフィを私はやりたい。**その思いで、25年ほど調査研究をしてきました。

こうした思いをもって、数々のエスノグラフィを読んできました。社会学のものはもちろんですが、本家である人類学のもの、さらには心理学や教育学分野のエスノグラフィも読みました。本書では社会学のエスノグラフィが多く取り上げられますが、あわせて人類学ほかの成果についても言及するのは、こうした姿勢によるものです。

私を虜《とりこ》にしたエスノグラフィについて、**ひとりの虜の立場**を大事にして、その可能性の中心を考えていきます。

## †エスノグラフィの核心

ではエスノグラフィの核心とは何でしょうか。

取材にもとづく記録であれば、新聞やインターネットの記事、あるいはジャーナリストによるルポも同様でしょう。保育や看護などの実践者も実践記録を書いているし、国際NGOのスタッフも調査レポートを刊行しています。

そのうえでなおエスノグラフィを特徴づけるなら、**生活を書く**ことにあると言えるでしょう。これはあくまで私の主張であり、人類学者や社会学者のエスノグラファーが全員一致で提唱しているものではありません。ですが本書では、この主張を軸にして各章の記述を進めます。

生活を書く、と耳にすると、とても平凡なことに思えます。人びとは、どんな日々を送っているのか。いかなる秩序が形成されていて、何に希望を感じているのか。生活の実際上の困難はどこにあるのか。こうした平凡とも思えることを丁寧に書くのです。目に留まりやすい「劇的な事件」を書くのとはきわめて対照的なアプローチです。

だから、多くのエスノグラフィでは、猟奇的な殺人事件が起きることもなければ、世にも不思議なミステリーの謎解きがおこなわれるわけでもありません。

私はボクシングのエスノグラフィを書いてきたのでその例を出すなら、劇的なKO試合を書くのではなく、普段の地味な練習風景を**分厚く書いていく**。練習だけでなく、食事や洗濯といった平凡なことを丁寧に記録する。

それは簡単そうに見えて、ものすごく難しいことでもあります。劇的な事件は誰もが目を奪われるし、世間的な注目度も高い。でも、そうした事件は一過性という特徴をもつことがあります。にわかに注目されて、すぐに忘れ去られていく。そうではなく、ごくありふれた生活を（社会学的あるいは人類学的に）訓練された確かな眼できちんと捉える。

エスノグラファーにとって、ミステリーは誰もが注目するような劇的な事件の中に見出されるのではありません。そうではなく、ありふれた生活が実のところ精巧にできあがっているということにこそ、ミステリーはあるのです。

それは、「まひるのほし」を発見し、そのほしに驚くような態度と言えます。満天の夜空に輝くほしは、誰の目にも明らかです。私は長年北海道に住んでいたのですが、ある夜、十勝地方の大平原から眺めた星空の様子は、その夜の静けさと空気のありようを含めて、しっかりと記憶されています。

でも、そうした夜空のほしに美しさのためいきをこぼすことは、ほぼ誰もがおこなえることです。難しいのは、同じほしが、昼のあいだも輝き続けていることを想像することにあるでしょう。

**まひるのほしを発見し、それをきちんと書くこと。**たとえるなら、それがエスノグラフィの基本的な態度であると、私は考えています。

## †本書のスタイル

ありふれた生活をきちんと捉えるには、練習が必要になります。私自身の実体験を織り込みながら、そのレッスンを開示していきます。

本書ではすぐれたエスノグラフィの中身を引用しながら、重要な箇所を**例示する**スタイルを採用します（一部の文献については、翻訳を参考に私が訳しています）。エスノグラフィとは何かを解説するのではなく、それがいかなるものかを具体例で示すやり方です。

ものを習うとき、それがどういった原理に基づいているのかを解説してもらうことは不可欠でしょう。でも同じくらい、それがどのようにおこなわれているのかを見て盗むことも必要であるはずです。私も学生時代には、指導教員や先輩の調査地に同行させてもらい、どのようにエスノグラフィの調査研究をやるのかを見て学びました。

はじめて訪れる調査地なら、まず高いところに上る。なぜそんなことをするのか？

そうやって疑問をもちながら、見て盗むことで、エスノグラフィのやり方を学んでいきました（高いところに上る理由は第1章に記しています）。本書では、体感するという点を意識して論述を進めます。

読み進めるうえで、**予備知識は必要ありません**。私が大学でエスノグラフィについて話す際、受講生の中には社会学専攻だけでなく、哲学や地球科学や物理学（！）を専攻する学生もいます。聴講生もいます。職場を定年退職された年配の方や、子育てが一段落してもう一度学問に触れたいという方もいます。モグリで座っている方もいるかもしれません。

また私はこれまで、短大や職業訓練校でも教えてきました。夜間開講の社会人大学院でも授業をおこない、高校を訪問しての模擬講義、さらには市民講座も担当してきました。よって「社会学専攻の若い大学生」だけを対象にしてはいません。多様な受講生たちの前で、エスノグラフィについて話をしてきました。

そこでのヴォイスを、本書でも再現しようと努めました。東京都世田谷区桜上水にある日本大学文理学部、その3号館4階の３４０７教室で私は話している。「わかりづらいな」「つまらなくて眠いな」と思われる箇所が本書にあれば、それはおそらく受講生も同じように感じている箇所でしょう。実況式とまではいきませんが、私の前にはいろんな専攻の学生や聴講生の方々が座っています。その人たちに届くように、私は本書を話し書きします。

エスノグラフィの古典には、さまざまなポテンシャルがあります。私には力がなくても、作品には力があります。私にできることは、その**作品の力を伝える**ことです。

たとえばこんな一節を読んでみましょう。

> とはいえ、不平等な社会では、平等な扱いもまた差別を助長しかねない。たとえば、黒人男性たちは過剰に投獄され、黒人女性たちは過剰に強制退去させられる現実のなかで、犯罪歴や強制退去歴がある希望者の入居を平等に拒否すれば、アフリカ系アメリカ人は断然不利な状況に追いこまれる。クリスタルとバネッタも、逮捕歴と強制退去歴のせいで審査に落ちた。
>
> （『家を失う人々』383頁）

現代アメリカを代表する社会学者であるマシュー・デスモンドの『家を失う人々』からの一節です。この本は、自宅を追われる貧困層の人びとを描いたエスノグラフィです。

今日では住宅を借りるにも、クレジットカードの申請と同じように信用スコアが必要になります。その信用審査でクリスタルとバネッタというふたりは落ちて、正規には家を借りられなかったのです。

黒人であるというだけで圧倒的に不利益を被《こうむ》る社会においては、**平等性原理はすでにある不平等を助長します**。クリスタルとバネッタの身に降りかかった出来事から、ここまで社会的な仕組みを見通すことができるのです。

こうした重要な一節を、講義やゼミでは印刷して配布し（教科書指定の場合は教科書を使って）、適当に受講生を当てて、読み上げてもらうようにしています。不思議なことに、ひとりの受講生が読み上げると、他の受講生にもその箇所は心に残るようです。暗誦できると、もっとよいかもしれません。

同じように本書でも、エスノグラフィの**古典から重要箇所を抜き出しています**。ぜひそうした箇所に注目して読んでください。

抜き出し箇所は、小説で言えば、会話のようなものです。会話だけを拾ってみるとその小説をまた違ったふうに読めるように、本書も抜き出し箇所だけを拾い読みすると違った容貌を現すことでしょう。

## †あるひとつの入門書

最後に本書の構成に触れておきます。

各章の末尾には、その章のポイントがまとめられています。そのポイントは、章が進むごとに積み重なっていく構成になっています。重要なポイントたちが積み上がっていく様子を体感してください。最終的には次のように記載されます。

エスノグラフィは、経験科学の中でもフィールド科学に収まるものであり、なかでも①**不可量のもの**に注目し記述するアプローチである。不可量のものの記述とは、具体的には②**生活を書く**ことによって進められる。そして生活を書くために調査者は、フィールドで流れている③**時間に参与する**ことが必要になる。こうしておこなわれたフィールド調査は、関連文献を④**対比的に読む**ことで着眼点が定まっていく。そうしてできあがった⑤**事例の記述を通して**、特定の主題（「貧困」「身体」など）についての洗練された説明へと結実させる。

なんだかピンときませんね。著者である私自身がピンときていません。ですが、この**ピンとこない感覚をいまは忘れないでください**。

本書の終盤に、もう一度、同じ文章を載せています【→265頁】。そこまで読み進めた際に、内容がいまよりもピンときていたら、学習が大きく前進したことを表しています。学習の到達度を知るには、むしろ、いまはピンとこないほうがよいかもしれません。

さしあたり現時点では、太字部分の用語だけを意識してください。①不可量のもの、②生活を書く、③時間に参与する、④対比的に読む、⑤事例の記述を通した説明。これら5つの用語が、順に第2章から第6章までのキーワードになります。

これらを押さえていけば、エスノグラフィについて一通り理解できるはずです。そして、キーワード説明に入る前の第1章では、準備体操として、エスノグラフィを体感するための実例を示します。

また、各章のあいだには「幕間」のコラムとして、**私のもとで書かれてきた卒論**を紹介します。学部生たちはプロの研究者の書いた本よりも、先輩の書いた卒論のほうに影響を受けることがよく見られます。身近なロールモデルを必要とするのでしょう。各コラムから、卒論と向き合った学生たちの奮闘を感じ取ってください。

本書の位置づけについても補足しておきましょう。

本書は、すでに記したように、エスノグラフィ全般を網羅する本ではなく、エスノグラフィの虜になった私なりの立場から、それがいかなるものかを示すものです。私からの**みなさんへのエスノグラフィの指南書**です。

本書で何度も引用するフランスの社会学者、ピエール・ブルデュー（1930～200

2）は、研究キャリアの初期にアルジェリアでエスノグラフィ研究をおこないました。彼は『リフレクシヴ・ソシオロジーへの招待』というみずからの社会学をめぐる入門書を、弟子のロイック・ヴァカンと共に書きました。「リフレクシヴ・ソシオロジー」とは、社会学のひとつの立場で、社会的事象を認識するためには、そうして認識する主体をも認識する必要があることを主張するものです。

私にとって印象的だったのは、その英語版の *An Invitation to Reflexive Sociology* というタイトルでした。Invitation ではなく"An" Invitation であることが、なぜか私には強く印象に残ったのです。

「あるひとつの」というニュアンスです。ブルデューはあるひとつの招待状を読者に送ったのであって、それ以外のリフレクシヴ・ソシオロジーのありようを否定していません。同じことは、本書にも言えます。**あるひとつのエスノグラフィ入門**、それが本書です。網羅的な入門書ではなく、本書をきっかけにして、エスノグラフィや質的研究をめぐる他の本や論文へと進む糸口を提供することを目指しています。

路上での客引きのようなものです。この店にはこんなに腕のいい職人がいますよ、という呼びかけです。すでに入店してくれたお客さん（たとえるなら社会学専攻に進んだ大学生）

への説明ではなく、どの店に入ろうかと歩いている人たちに、入店するきっかけをつかんでもらう。入店後には、リピーターになってもらう努力が必要ですが、それらは「あとがき」にあげた文献群に奮闘してもらいましょう。

思ったより、長くなってしまいました。

では、さっそく第1章から、エスノグラフィの世界を体感していってください。

# 第1章

# エスノグラフィを体感する

まずは実例から入ります。

おもしろいエスノグラフィには、印象的な**場面が必ず描かれています**。フィリピンのボクシングジムでも、東京の手話サークルでも、大阪の建設現場でも、北海道のバイク乗りが泊まるライダーハウスでも、そうした人びとの生活を書くならば、重要な場面——調査の過程で実在した場面——が登場することになります。

その場面には書き手＝調査者が立ち会っています。その立ち会った場面をきちんと再構成するのが、エスノグラフィのもっとも基礎的な作業となります。調査者は、フィールドノートをもとに、場面を記すのです。

社会学者は、重要な場面を思索の出発点におきます。そこから研究上の主題に関する考察を深めていきます。私の場合、「貧困」や「身体」といった主題がそれにあたり、学生のみなさんなら、たとえば「ジェンダー」「メディア」「学校」など、いろいろあるかもしれません。

場面と主題をつなげながら、考察を深めていく。この**場面と主題の接続**という点が、本章のポイントです。

### †通夜と賭けトランプ

ひとつの場面を紹介します。**マニラのスラムでの出来事**です。

私はマニラのボクシングジムを、ながらくフィールドにしてきました。ボクサーたちと共同生活を送りながら、エスノグラフィの調査研究を進めてきたのです。

ジムはスラム地区に隣接しています。ボクサーはジムに住み込みで生活しているのですが、所帯持ちのボクサーやトレーナーはスラム地区に住んでいます。私とボクサー仲間たちは、スラムに住むベテランボクサーの家を訪れて、そこによくたむろしていました。

その日の夕方も、私はボクサーたちとスラムを歩いていました。地区内の家屋には、いつもとは違う灯りがついていて、灯りの向こうに人だかりができていました。ここに人が集まっているのを見るのは、はじめてです。

集まった人びとはその入口で賭けトランプに興じていました。上半身裸で短パン、サンダル姿の男たちがタバコを吸いながら真剣なまなざしでカードを切る。それを後ろから眺めている者が「それじゃないだろ、切るのは」などと声を上げています。

ひとつのゲームが終わると、負けた者が「あーあ」といった様子で自分のカードをテーブルの上に投げひろげます。トランプがテーブルに落ちる際に生ずるバサッという音は、世界中どこで聞いても同じように感じます。

私は、そんな賭けトランプに熱中する人びとを背伸びして後ろから見ていましたが、ふと視線を逸らすとその先には不思議な光景が広がっていました。賭けトランプをしている場所の奥には棺が置かれていて、その棺の前では何人かが祈りを捧げているのです。

なぜ賭けトランプと棺が同じ空間にあるのか、私は理解できませんでした。奥には静かに祈りを捧げる人がいて、入口付近には賭けに熱狂する人がいる。静謐《せいひつ》と喧噪《けんそう》のコントラストが際立っていました。

私が唖然《あぜん》としていると、隣にいたボクサーが教えてくれました。これは通夜だと言うのです。

マニラのスラムで日常的に耳にするのは、人の笑い声と鶏の鳴き声です。賭け事に熱中する人びとの声もよく耳にします。しかし、この状況で賭けをするのは、さすがに不謹慎のように感じました。

しかしながらこの感覚は、すぐに修正を迫られました。つづけて、隣のボクサーがこう教えてくれたからです。この賭けトランプで勝った者は、葬儀費用の手助けとして勝ち金

賭けトランプと棺が同じ空間にある

の15%を喪主に与えるということでした。

彼らはあえて通夜で賭けをしていたのです。葬儀の費用を補塡《ほてん》することで、貧しい喪主であっても葬儀をおこなえるようサポートしていたのでした。

この事実に私は驚きました。喪に服すと言うと、神妙な面持ちで故人をしのび、遺族をおもんばかる、そうした静謐さのみを、日本で育った私は思い描いてきました。

しかし、ここではそうではないのです。トランプの形式を借りて熱狂と笑いと罵声で死を受け入れつつ、なおかつ貧しい喪主をサポートする互助活動が展開されていたのです(なお、この葬儀と賭けの話をはじめ、フィリピン社会に関心のある方は『フィリピンを知るための64章』をご覧ください)。

## †センス・オブ・ワンダー

フィールドでの**驚きから出発すること**。その驚きを糸口にして、文化や社会をめぐるさまざまな主題を考察していく。そうして、現場から問いを立ち上げることが、エスノグラフィのおもしろさです。

エスノグラフィについて大学で講義をすると、受講生の中には、わたしは人見知りをするタイプです、あるいはコミュニケーション・スキルに不安があります、と伝えてくれる学生もいます。ですが私の経験上、普段は人見知りをする学生が、たいへんすばらしいフィールドレポートを書いてくることが多々あります。コミュニケーション・スキルを心配する学生が、素敵な卒論を提出することもあります。逆に、人の中に溶け込むのが得意ですと明言する学生が、うまく課題をこなせないといったケースもあります。

おそらく重要なのは、人見知りをするかどうかよりも、**好奇心が開かれていること**にあります。

たとえばマニラの市場に行くと、日本では目にする機会の少ない食材が並んでいたりします。豚の顔がそのまま売られていて、市場の隅にはバロットと呼ばれる孵化《ふか》しかけのアヒルの卵を売っている人がいる。酢を振ってその卵を食べると、口の中でコリコリと砕《くだ》けていく感触がわかります。

市場に集まっている食材がどこからやってきて、誰に買われていくのか。こうしたひとつひとつに興味を持つというのが、エスノグラフィの調査研究を進める第一歩です。

ありふれた生活の一コマを注視し、見慣れない出来事の背景を知ろうとすること。小さな驚きに遭遇しつづけながら、理解の地平を押し広げていく。そうした体験が、エスノグラフィに活かされていくのです。

注意が必要なのは、驚きを出発点にすると言っても、エスノグラフィは「暴露記事」とは異なるという点です。また「潜入ルポ」とも異なります。これらは秘匿《ひとく》された情報を暴露したり、一般的にはアクセスができない場所に潜入することをねらいとするものです。

そうではなく、エスノグラフィは何も隠されてはいない、ありふれた日々の「生活を書く」ことを基本にします【↓より詳しくは第3章で取り上げます】。

生活を書くためには、**長期にわたってフィールドで時間を過ごす**必要があります。エスノグラファーは、いきなりマニラのスラムを訪れて、スマホで動画を撮りながら、ライブ配信をするようなことはしません。

もっと言えば、初発の驚きは、さきほど書いたように、あくまで思索の出発点であって終着点ではありません。通夜での賭けトランプにしても、それは出発点であって、そこからもっと地道に、人びとの互助に関する生活実践を丹念に調べながら、レポートや論文を完成させていきます。そのためには、フィールドの人びととの時間をかけた交流が必要になるでしょう。

言い換えるなら、調査者は、人びとから、ずっと見続けられています。変なことをしないか、現地をかき乱したりしないか。そうした不断のチェックを受けながら、長期的な調査が進んでいくのです。決して、独断で現地に入り込めるわけではありません。この**見られる視線を引き受けながら**、人びととの関係を築きつづけることで、調査研究が可能になっていきます。

## †海の少年

もうひとつの場面を紹介しましょう。フィリピンの小さな港での出来事です。

私は、ボクサーの試合に同行して、首都のマニラだけでなく地方の街を訪れることがありました。セブ、バギオ、プエルト・プリンセサ、オルモックといったフィリピンの地方の都市です。

なかでもオルモックは思い出の街です。飛行機ではなくバスで移動したからです。ボクサーたちは、バスでマニラから36時間かけてレイテ島にあるこの街まで移動しました。オルモックでは、小学校の校庭の一角にある長屋に宿泊し、試合が終わると、また36時間かけて、マニラまでバスで帰ります。

オルモックからマニラまでの帰路で、私たちはバスで2泊することになりました。バスはコンクリート舗装（フィリピンの地方部では道路はアスファルトではなくコンクリートの舗装が多いです）がされていない山道を走ります。ガードレールのない道を激走します。

窓にはカーテンが付いていたので、夜にはみんなカーテンを引いて車内で眠りました。揺れているバスの中で眠るのは、私は得意ではありません。私は疲れているけれど眠れず、暗がりの車内から、カーテンを少しだけ開けて、流れ行く村の景色を眺めていました。まっくらな村、いくつかの家には裸電球が灯っています。軒先で犬と一緒に夜の時間を過ごしながら、タバコを吸う村人。村を抜けると、街の中心部に入り、灯りのついた食堂が深夜営業をしています。

朝になるとバスは食堂の前で止まり、乗客は食事を取ります。そしてまた出発。そうやって食事や休憩を繰り返しながら、マニラに向かいます。さらに進むと、今度は船に乗り換えました。海路を進まなければならないからです。

バスを降りて船に乗ると、その船は日本の瀬戸内海で使われていた中古船であることがわかります。「小豆島」という漢字にフィリピンで出会うとは思いませんでした。

出港を前に、私たち乗客はデッキに出ました。ボクサーたちも他の乗客も、太陽にさらされたデッキ上で船の出発を待っています。

そのときです。港の地元の子どもたちが、どんどん走ってきて、そのまま海に飛び込みます。子どもたちは次々と海に飛び入り、船の周りを泳いでいます。乗客たちは、船のデッキから、硬貨を海に向かって投げはじめました。泳いでいる少年たちはその硬貨を潜って取るのです。ひとりの少年は、硬貨を握りしめながら、デッキ上の私たちに向かって「サンキュー!」と叫びました。

船から投げ入れられた硬貨を、泳ぎながらつかむ10名ほどの少年たち。彼らはそうやって小遣いを稼いでいるのでしょう。最年長者でも10歳くらいに見えました。

なかには走るのがとても遅い少年がいました。彼は足を引きずるようにして、海まで走ってきました。よく見ると、両足の長さが違っていて、二足で釣り合いを取って走るのが難しいことがわかります。彼は、陸の上では他の少年たちに遅れていました。

しかし、海に飛び込んでからは、動きが違いました。グングンと船に向かって泳いできます。他の少年たちにあっという間に追いつきました。彼もまた、立ち泳ぎをしながら、船のデッキを見上げて硬貨を要求しています。彼に向かって硬貨を投げる乗客も出てきました。

陸では遅くても、水の中では、彼はとても速かった。

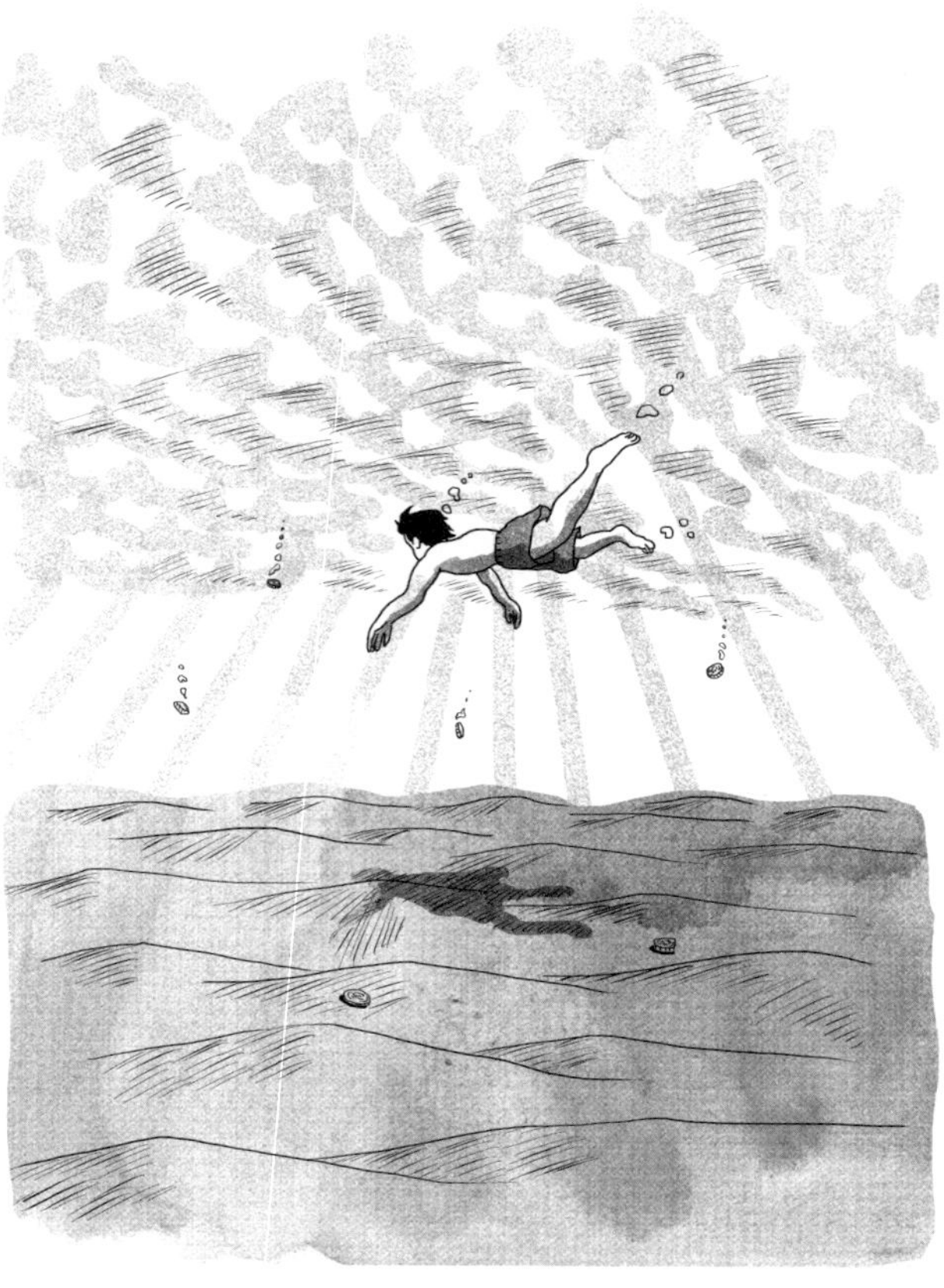

水の中では、彼はとても速かった

## †場面と主題

場面と主題をつないで考えてみる。その一例として、上記の海の場面から「身体」について考えてみましょう。

身体というと、どうしても皮膚で区切られた「単体のからだ」を想定しがちです。そしてその単体のからだには、IQや運動神経をはじめとする能力といったものが、ビルトインされているように見える。

でも、**身体は世界との関係において生み出されている**と考えることも可能です。「世界との関係において」というのは、先の少年の例で言えば、陸では歩行に困難があっても、海ではその困難は現れない、という点に関わります。

身体はいかなる世界に内包されるかによって、困難の現れ方が異なります。股関節に機能障害があっても、陸では機能障害になるけれど、海ではそうはならない。つまり、機能障害というのは、単体のからだに本質的に埋め込まれているわけではなくて、どういった世界や環境に身を置くか――陸の上なのか水の中なのか――によって、それが障害となるかどうかは変わるわけです。

そう考えると、身体とは、つねに世界との関係において現れると捉えることも可能です。それはあるものではなく現れるものであるとも言える。こうしてフィリピンの小さな港での場面は、身体という主題へと接続されていきます。**場面と主題を接続しながら**考察が深められていくのです。

## 二重写しに見る

私は講義で、よく受講生にする質問があります。「魚はみずからが水中にいることを知っているのか？」というものです。

魚は水中に棲息しているのですから、当然、水の存在を知っているとも言えます。あたりまえのものとして知っている。では、仮に魚に言語能力が与えられるとして、魚は水の存在を説明できるでしょうか？

おそらく難しいでしょう。魚は水の外に出たことがないからです。ウロコが「濡れている」ということすらも自覚しないでしょう。濡れていることを自覚するためには、「乾いている」状況を知っている必要があるからです。

エスノグラフィは、みずからの日常とは異なった日々を送る人びと（これを本書では**他**

**者**と呼ぶことにします）の生活に触れながら、そこで営まれる生活を記録する実践です。マニラに生きるボクサーだったり、沖縄の暴走族だったり、北海道で冬はスノーボードをしながら夏には農業をしている人など、自分——たとえば首都圏に暮らす大学生——とは随分と異なった世界を生きる人びとのもとに赴くのです。

他者たちの世界を訪ねてそれを記録することは、他者を知るだけでなく、自己を変化させることを意味します。私にとって自明だった「ものの捉え方」が覆《くつがえ》されて、新たな「ものの捉え方」が発生する。身体というと単体のからだを想定していたのに、フィールドワークをする中で身体が世界との関係を織り込んでいることを発見する。あるいは、葬儀で賭けトランプをすることが互助活動でもあることを知る。こうして他者たちの世界に赴くことが、みずからのものの捉え方を覆す契機になり、調査者はみずからに刷り込まれている自明の前提とあらためて向き合うことになるのです。

それはまさに、魚が空気に触れることで水の存在を知るような経験です。調査者は、エスノグラフィの調査研究を通じて、他者たちの世界を知ると同時に、みずからの慣れ親しんだ世界を知りなおすのです。

それは**二重写しに見る**経験とも言えます。

エスノグラファーは、フィールドで長い時間を過ごす。そうすると調査者は、もはやかつての自分とは異なり、ホームへの帰還後も別の仕方で物事を考えるようになります。フィリピンでの経験をもとに日本での日々を捉えるようになり、日本での生活を続けながら定期的にフィリピンに戻るようになる。フィリピンと日本のあいだで考えるようになっていきます。そしてあらゆる物事を、両者のあいだで見つめる、つまり二重写しで見るようになるのです。

この点について、私の敬愛する地域研究者にしてフィールドワーカーであるベネディクト・アンダーソン（1936〜2015）の言葉を引いておきましょう。

何か違う、何かが変だという経験は、私たちの五感を普段よりも鋭くし、そして比較への思いを深めてくれる。実は、フィールドワークが、自分が来たところに戻ってからも意味がある理由は、ここにこそある。フィールドワークを通して観察と比較の習慣を身に付け、やがて自分の文化についても、「何か違う、何かが変だ」と考え始めるように促され、あるいは強いられるようになるからだ。

（『越境を生きる』151-152頁）

フィールドワークをすることは、異世界を知るだけでなく、自世界をこれまでとは違ったふうに見つめることを**強いられるようになる営み**なのです。それは顕微鏡の接眼レンズと対物レンズを逆さまにして世界を見るような経験でもあります。ホームからフィールドを捉えるだけでなく、フィールドからホームを捉える。

エスノグラフィを書くことは、アンダーソンが述べるように、知らない世界に対してだけでなく、慣れ親しんだ世界に対する感性を鋭くすることなのです。

## †フィールド調査の十戒

ここまで私がフィールドで遭遇したふたつの場面——通夜と賭けトランプ&海の少年——の事例を紹介しました。エスノグラフィが、何を記しどのように考察を進めるのかが、なんとなく伝わったでしょうか。

ここからは、エスノグラフィを用いた調査研究の**具体的な要点**を記していきます。オーストリアの社会学者で、ドイツ語圏では名高いエスノグラファーであるローランド・ギルトラーの著作を紹介しましょう。

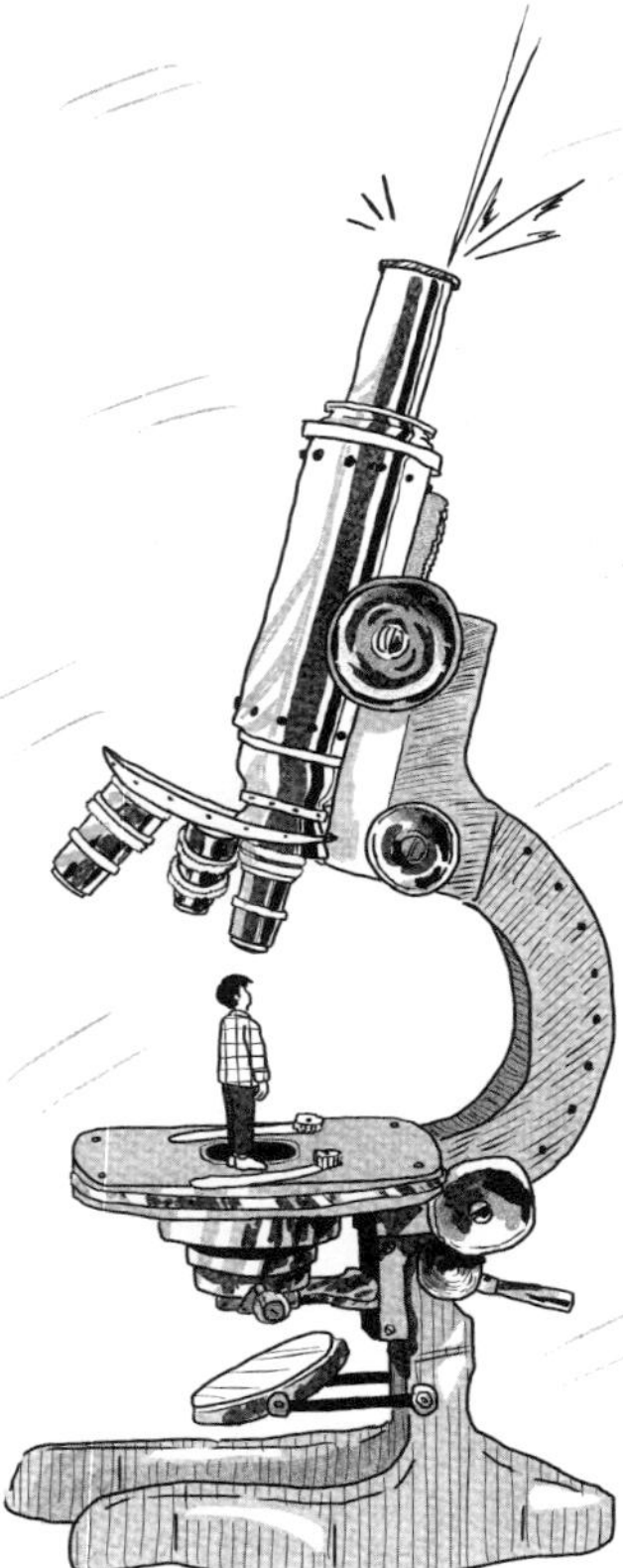

レンズを逆さまにして世界を見る

彼はオーストリアやルーマニアでたくさんの調査をおこない、読者を魅了するエスノグラフィを書き続けてきた人です。そんな彼は『フィールド調査の十戒（*10 Gebote der Feldforschung*）』という本を刊行しています。そこで記された十戒は、エスノグラフィの調査研究を進めるうえで、重要な指針を与えてくれるものです。

ここでは十戒をすべて取り上げるのではなく、6つに絞って紹介していきます。「六戒」になってしまいますが、それでもギルトラーの言わんとすることは十分に伝わるはずです。以下、私のほうでそれらの戒《いまし》めを、AからFまでの記号を割りふって説明します。

### †フィールドの人びととの関係のあり方

A　寛大さと公平さを持つこと。自分とは異なる価値観を認識し、自分とは異なる原則に従って判断できるようになること。どこにでもいる人びとに悪や欺瞞を疑ってかかると、かえって調査の邪魔になる。

B　あなたを迎え入れてくれた人、ビール、ワイン、お茶などを一緒に飲んだ人たちを中傷しないこと。

このふたつの戒めは、フィールドの人びととの関係のあり方をめぐるものです。

Aが重要なのは、自分とは異なる価値観や原則で生きている人びとに対し、**自分の価値観を優先して判断しない姿勢を保つ**ことが、思った以上に難しいことでもあるからです。暴走族には暴走族のルールがあるし（この点についてはぜひ打越正行『ヤンキーと地元』という本を読んでみてください）、マニラのボクシングジムには日本のジムと違った固有の流儀があります。

そこで人びとがどのような価値観や原則を保っているのかを知ることが重要なのであって、その善し悪しをジャッジすることが重要ではないのです。ジャッジする際には、ほとんどの場合、調査者自身が当然視している価値観や原則を根拠にしてしまうからです。

同様の態度は、ブルデューも強調した点です。ブルデューは『世界の悲惨』という圧巻の調査記録の序文で、**「笑わない。嘆かない。呪わない。ただ理解すること」**という哲学者スピノザの教えをフィールド調査でも徹底することを説きました。

フィールドに赴くとさまざまな人や出来事に遭遇します。そのときに、私たちは、いろいろと感情を揺さぶられるものです。嘆いてしまったり、嫌ってしまったりすることもあるでしょう。でもそれをグッとこらえて、そもそもその出来事とは何であり、また、そこにいる人びと自身がその出来事をどう受け止めているのかを理解しようと努めることが求められるのです。

続いてBです。

これは私もエスノグラフィ研究を進める中で、食事やお茶に呼ばれることも多々あるので、よくわかる戒めです。ビールやお茶などを一緒に飲む人というのは、やはり調査者を一定程度受け入れてくれた人であるはずです。フィールドで出会う人びととの関係というのは、ある意味、日常での仕事や友人との関係と同じように形成されます。

調査地で話を聞き終えたあとに「せっかくなので、お茶でも飲んで行きますか？」とお茶を勧めてくれたり、あるいは「もし帰りの電車まで時間があったら、この地区のおいしい蕎麦を一緒に食べに行きませんか？」といったお誘いを受けることもあるでしょう。こうして飲食の時間を共有してくれるというのは、人と人のつきあいを保ちたいという先方の気遣いでもあるでしょう。

私はフィールドで親密な時間を過ごした人に対して、揶揄したり中傷したりしないという、自分なりのルールを作っています。もちろん、食事を共にしたことのある人と、その後に関係が疎遠になったりすることもあります。場合によっては、小さなトラブルが生まれることがあるかもしれません（調査以外の日常的な人付き合いでも同様のことはいくらでも生じるのと同じです）。でも、そうして疎遠になってしまった事実は自分の胸の中にしまっておけばよいものでしょう。

## †調査の進め方

C　興味を持った文化の歴史や社会的条件について、きちんとした知識を身につけること。そのため、まず墓地、市場、旅館、教会といった場所を訪れるのがよい。

D　調査地の広場や家屋の地理的イメージを得ること。調査地域を歩きまわり、教会の塔や丘に登ること。

では続いて、別のふたつの戒めに入っていきましょう。これらは、フィールド調査をどのように進めるかという方針に関わるものです。

Cは古今東西を問わず、おこなわれていることです。フィールドを訪れた際には、いくつかの**重要な文化的スポットを訪れます。**

たとえば墓地を訪れてみる。宗教に応じてお墓のありようは異なるし、さらに違う宗教や宗派の人びとが共同墓地に眠っているかどうかなども調べてみる必要があります。市場を訪れると、その土地の特産物を知ることができるし、買い物をおこなう地元の人びとの様子を見ることができます。旅館に泊まれば、他の宿泊者と話をすることになるかもしれません【→第2章で、茨城県鹿嶋《かしま》市での同様の体験を記します】。教会は多くの場合、広場と同様に、都市や村の空間的中心にあるため、街の地理的イメージを把握するうえでも重要です。もちろん、礼拝に訪れる人びとの様子に触れることもできます。

スペインに植民地化された国（フィリピンやメキシコなど）に古くからあるカトリック教会は、入口が西側にあることが多いようです。カトリック教会はステンドグラスを使うので、東側に聖像を置くことで、朝には聖像が後光に包まれることになります。そうすると東側に聖像、西側に入口という教会の方角配置が確定します。スペインの植民地下にあったラテンアメリカの集落では、広場と教会を基点に街が形成されていることも多く、教会が集落の方角を規定しています。

この点に関するラテンアメリカの事例については、すぐれたフィールド調査者でもある清水透の書いた『ラテンアメリカ五〇〇年』を読んでみてください。教会を訪れることは、集落や村の生活を知るためにも重要になるでしょう。

Dは、私が**はじめてのフィールドに赴いた際に必ずおこなうこと**です。あるいは、調査ではなく、どこかに観光で訪れた際にも同様のことをおこないます。

まず、高いところに上る。教会の塔とか、展望台とか、里山とかに上って、街を一望するのです。

高いところから街のレイアウトを把握したあとに、今度は、街を歩きます。細道に迷い込み、古くからありそうなパン屋さんでパンを買って食べてもよいでしょう。

高いところに上っても、最初は何を読み取ればよいかわかりません。私もそうでした。海がきれいだなとか、たくさん家が並んでいるな、といった程度しか感じませんでした。

## †社会学的に観察する

**街を社会学的に一望する感覚**が少しわかったのは、大学院生のとき、指導教員と一緒に長野の集落を調査したときでした。集落沿いにある里山の上から土地を眺めていると、指導教員は説明をしてくれました。

この集落は、こっち（東側）からできあがっていって、その後にあっち（西側）に広がっていった。だから東側の集落には本家が多い。東側と西側では耕作面積に違いがある。本家の人たちは、河川の水を集落につなぐことで農業用水として利用している。お墓や神社は特定の土地が選ばれている。

そうした集落の原型の上に、道路や鉄道が敷かれた。現在の視点で見ると、道路沿いや駅の近くが集落の中心に見えるが、実際には道路や鉄道ができあがる前に集落の基礎ができあがっている。だから、あくまでこの集落は東側を起点にして形成されていることを見誤ってはいけない。

以上のような集落の見方を教わりました。私には、ただ集落があるとしか見えなかったものが、指導教員の眼には集落の時間的展開が映し取られていました。

河川がどこを流れていて、田畑がどこに切り拓かれて、墓がどのエリアに建てられているのか。田畑の耕作面積はいかに集落内で違いがあるのか。そうした点を知ることで、たしかに、本家―分家関係も表し出されてくることを知ったのでした。つまり、私には「のっぺりとした一枚の絵」として集落が見えているのに対し、指導教員には**時間を追った「展開図」**が読み取られていたのでした。

街をそうして鳥の目から把握したうえで、今度は虫の目で歩いて捉えていきます。文字通り、歩くのが良いでしょう。車で移動するよりは、歩いて移動したほうがいろいろなものに目が留まりやすいからです。

**観察にはそれに適した移動速度があります**。移動速度が速すぎると、観察にはあまり向きません。歩きやすいように、そして気づいたことがあればメモが取りやすいように、両手を空けておいたほうがよいです。荷物はリュックサックなどに入れておくのが便利です。

歩くには遠い距離であれば、自転車で移動する手法があります。昨今では、さまざまな場所で安価なレンタルサイクルを借りることができるので、私はそれらを利用して、街を自転車で回ることを楽しみにしています。電車に乗ると、駅と駅が点でつながるので、そのあいだの景色は想像することが難しいです。でも、自転車なら、点ではなく、線で街を体感することができる。

なお『フィールド調査の十戒』を書いたギルトラーも、自転車乗りで有名でした。彼はルーマニアで調査をする際も、集落をとにかく自転車で駆け回ったのです。私は彼とウィーンで会って研究について話し合ったことがあるのですが、その場にも彼は自転車で来ていました。彼は自転車のフロント部に花飾りをつけていました。その粋《いき》な自転車がとても印象的でした。

私は調査先でジョギングをすることも好きです。知らない街をジョギングすると、その地がよくわかります。ジョギングは世界のどこでおこなっても奇妙な目で現地の人から見られることのない活動です。「走っているのね」と認知されるので、小道だったり、観光客があまり行かないエリアにいても、あまり不審がられません。

自転車に乗ることやジョギングをすることは、**みずからのからだを使って街を把握していく**ための重要な手法です。

## †フィールド調査のねらい

E　宣教師やソーシャルワーカーのようにふるまわないこと。「未開人」とされる人びとを「教育」するのが、あなたの役目ではない。あなたは裁判官ではない、あくまで目撃者である。

F　通常の旅行者と一線を画すために、みずからが経験したことを書き残し、できるだけ偏見のない報告をすること。そのためには、調査日記をつけることが重要である。

毎日の調査において、考えていること、問題になっていること、うれしいこと、困っていることを記す。そうすることで、自分自身や自分の研究についてきちんと振り返ること、また、自己批判をすることができる。

最後に、フィールド調査をおこなうことにいかなる意味があるのかという点を記します。Eから入りましょう。

次章からより詳しく論じていきますが、エスノグラフィを書く社会学の学生や研究者は、宣教師やソーシャルワーカーではありません。人びとを教育する態度というのは、エスノグラフィには馴染まないのです。また、裁判官でもありません。すでにAの戒めで説明したように、エスノグラフィは人びとをジャッジするためではなく、理解するために書かれるのです。

たとえば、人びとを教育するために書かれた記録は、あくまで教育を施《ほどこ》すという実践的意図を背負って書かれているものです。学校の事例においても、生徒が何をしているかではなく、生徒をどのように理想的教育に導くかという前提が入り込んでいます。

そうではなく、エスノグラフィは、生徒が学校で何をしているのか自体を、**まずは忠実**

**に見る**手法なのです。調査者は、目撃者として立ち会うのであって、教育者として啓蒙するのではないのです。

続いてFに移ります。

フィールド調査が旅行と異なるのは、きちんと記録をつける点にあります。言い換えるなら、書くことにあります。フィールドノートを書き、日記を書き、報告書を書き、論文を書き、そして本を書く。そもそもエスノグラフィとは、ethno-graphy（人びとの－記録）という英単語の構成からもわかるように、記録すること＝書くことが前提になっている言葉です。

ギルトラーは、この戒めにおいて、書くことが「自分自身や自分の研究についてきちんと振り返ること、また、自己批判をすることができる」と言及しています。すなわち、フィールドの出来事や日記を書くことは、単に状況の記録というだけでなく、その行為を通じて、みずからの研究を振り返る契機をはらんでいるのです。書く作業を通じて、みずからのフィールドの理解は深まっていくのであり、その意味で、**書くことは考えること**なのです。

私はこの点を大切にしています。学生の卒論指導などをしていると、考えがまとまってから文章化しようとする学生が多いです。でも、私がいつも伝えていることは、考えがまとまったから書くのではなくて、書くことで考えがまとまるということです。

もちろん、頭の中で考えを完璧に整理して、目次なども正確に作り上げたうえで、あとは文章化する、といった書き手もいるでしょう。でも私は、そうした正確な計画を、書くことに先立って作り上げることはできません。ペンを握って、メモを書き、日記を書き、論文を書きながら、ようやっと自分の考えが立ち上がってくるタイプです（いまこの本を机の上でそうやって必死に書いています）。

だから、考えたことを書くことで結実させるのではなく、書くことを通じて考える。鉛筆を走らせたり、ペンでメモを取ったり、キーボードに文字を打ち込んだり、そういったきわめてフィジカルな手足の運動が思考にもつながっているように思います。

この点について、日本の社会学者で、すぐれたエスノグラフィの教科書を著《あらわ》した佐藤郁哉の主張も引いておきましょう。佐藤もこう言っています。

私たちは、文章を書く時には、すでに頭の中にまとまった形で出来上がっている文章を、そのまま筆記用具を使ってただ書きとめるわけではありません。むしろ、文字を書いたり消したりつけ加えていく過程のなかで、頭だけでなく、いわば「手と目で」考えているのです。（『フィールドワーク 増訂版』218頁）

**手と目で考えること**。これがエスノグラフィの核心なのです。

## †本章のまとめ

本章では、エスノグラフィに関する説明の入口としてふたつの実例――通夜と賭けトランプ&海の少年――を紹介し、さらに『フィールド調査の十戒』という書物の内容に触れました。

本章の要点を整理しておきましょう。

・エスノグラフィには場面がある。その場面から主題を考察していく。つまり、場面と主題をつなげて考察を深める点にエスノグラフィの面白さがある。

・エスノグラフィの調査研究では、フィールドについて知ると同時に、ホームについて知りなおす営みが展開される。

・エスノグラフィの調査研究を進めるうえで、ギルトラーの掲げた戒めは示唆に富む。その戒めには、フィールドの人びととの関係のあり方、調査の進め方、フィールド調査のねらいなどが書かれている。

本章は、読者のみなさんに、エスノグラフィがどのようなものであるのか体感してもらうことを目指したものでした。次章からは、エスノグラフィという方法についてより詳しく考えていきます。

まず次章では「フィールドに学ぶ」という点を検討します。机上で考えたことを「フィールドに当てはめる」のではなく、フィールドでの知見から、学術的な問いを立ち上げること、つまり「フィールドに学ぶ」こと。これがポイントになります。

## コラム1　サイクリストの独自世界

「はじめに」で予告したように、本書では章と章の「幕間」で卒論を紹介していきます。まずはサイクリストのエスノグラフィから。

北海道には「ライダーハウス」が50カ所以上存在します。ライダーハウスとは、バイクや自転車で道内を旅する者たちが利用する簡易宿泊所のことです。北海道のツーリングは、あらゆる世代に人気のレジャー活動ですが、それが可能になっているのはライダーハウスの存在が大きいです。

著者は、卒論を書くために、みずから自転車で道内を移動するサイクリストになりました。ストイックに毎日、何十キロも自転車を漕ぎ続け、「筋肉痛下の参与観察」をおこないました。

卒論から引用しましょう。「一日の大半が走行に費やされ、何も考えず没頭している場面が数多くある。上り坂などは特に何も考えられない。眼前に広がる現実と戦うだけなのである」

著者の自転車の旅の記録には、こんな走行データが書かれています。

| | | | |
|---|---|---|---|
| 9月19日 | 札幌—留萌《るもい》 | 135km | 走行時間（以下同）7時間30分 |
| 9月20日 | 留萌—天塩《てしお》 | 110km | 8時間50分 |
| 9月21日 | 天塩—宗谷岬—稚内 | 140km | 8時間 |
| 9月22日 | 稚内—留萌 | 180km | 10時間50分 |
| 9月23日 | 留萌—札幌 | 135km | 8時間20分 |

サイクリストのおもしろさは、日中に自転車をひとりで漕ぎ続けることと、夜にライダーハウスに宿泊することのバランスにあります。ライダーハウスでは、次のように見知らぬ人たちが出会います。

17時頃、ツーリング用自転車に乗ったBが来た。私とあいさつし、簡単に会話をすると今日は苫小牧から留萌まで約200キロ走ったという。荷物を2階に置くと疲労しきった様子で銭湯へと行った。1時間くらい経って戻ってくると、日本酒とつまみを買ってきており、AとBと私の三人で飲み始めた。

（著者のフィールドノートから）

これは留萌市にある「みつばちハウス留萌」での体験でした。無料で宿泊できますが、カンパ制を採用しているので、少なくとも200円くらいは利用者は箱に入れるそうです。ライダーハウスの利用料金は格安です。

著者がこれとは別に宿泊した天塩郡の「鏡沼海浜公園ライダーハウス」は300円、稚内市の「みどり湯」は1000円で一泊できました。いずれも男女別（男性利用者のほうが多い）の相部屋となっていて、たまたまその日に同宿となった人同士で自己紹介をしながら交流します。

ライダーハウスの利用者は、主に3つのカテゴリーに分かれます。ライダー(バイク)、サイクリスト(自転車)、バックパッカー(公共交通使用)です。

著者のデータによると、札幌から160キロほどの距離にある「みつばちハウス留萌」ではライダーが4人、サイクリストが6人宿泊していたのに対し、360キロほど離れた稚内の「みどり湯」ではライダーが18人、サイクリストは2人、バックパッカーが2人という宿泊者数でした。施設運営者の話なども踏まえると、道内の奥まった地になるほど、ライダーの数が増えるようです。

稚内の「みどり湯」では、毎晩、恒例の自己紹介行事がおこなわれます。

午後9時半より談話室の照明が間接照明に切り替わり、ミラーボールが回り始めた。オーナーがマイクパフォーマンスを始め、一人一人が自己紹介をする。定例らしい。その後、みなで肩を組み松山千春の「大空と大地の中で」

を歌った。

（著者のフィールドノートから）

外国からの利用者もいます。香港からの旅行者、さらにはデンマーク人の男性とその彼女の日本人とも著者は居合わせています。

ライダーハウスには、独自の規範があります。「面倒なもの」を持ち込まない、ということです。

「面倒なもの」とは、その人の日常的な社会的地位です。学歴や経歴をひけらかすような態度はもっとも忌避《きひ》されます。そんなものは、一夜限りの居合わせにおいて、披瀝《ひれき》するものではないのです。

日中の疾走と夜のライダーハウスでの交流。その両軸に、著者はサイクリストの「独自世界」のありようを読み取ったのでした。

（2009年度北海道大学卒業論文）

# 第2章
# フィールドに学ぶ

エスノグラフィはおもしろい。この点を伝えることができれば、本書のねらいは成功したことになります。

いま本書を手に取っているあなたが、実際にフィールド調査をして、エスノグラフィを書きたくなる。やってみたくなる入門書として、本書は書かれています。

この第2章では、私自身がどのようにエスノグラフィに出会い、そしてそれを書いてきたのかを紹介します。個人的な経験談を入れながら、エスノグラフィが数ある社会調査の手法の中でどのような位置づけにあるのかを確認していきます。

本章のポイントは次の一点です。**フィールドに学ぶこと**。この一点を手放さないで議論を進めましょう。

## †経験科学

「はじめに」で記したように、私は社会学者です。社会学の調査研究を進めるための方法として、私はエスノグラフィ研究をおこなってきました。ですので、まずは、社会学における調査研究とはどのようなものなのか、簡単に整理しておきましょう。

社会学の調査研究は**観察を基礎**にしています。これは社会学だけでなく、地理学や物理学などにおいても当てはまることです。これらの領域はひろく「経験科学」と呼ばれます。一方、数学や論理学は、論理そのものを問題にしているので、観察を必要としなくても研究が成立します（もちろん実験数学のような例外はあるようです）。

社会学や物理学といった経験科学は、観察を不可欠とします。社会学の調査研究における観察のやり方については、**量的研究**（数字を使った研究）や**質的研究**（数字以外のインタビューデータや調査記録を主に使った研究）といったものがあります。

たとえば、日本の大学において女性の在籍者数が上がっているのか下がっているのかを観察しようと思えば、各種データをもとに、数字を使って量的に捉えることが必要になるでしょう。逆に、外国にルーツを持つ学生が、みずからの出自を理由に大学生活で困難を抱えているのであれば、その困難の内実は本人や周りの人びとへの聞き取りを通じて、質的に把握することが求められるかもしれません。

社会学は、このように経験科学であり、量的研究も質的研究も観察を基礎にしていることを、まずは確認しておきます。

## †フィールド科学

経験科学としての社会学の内部には、より細分化するならば、その中に「フィールド科学」と呼ばれるものを見つけることができます。フィールド科学とは、どこかのフィールドに赴いて実地調査をおこないながら分析や考察を深めるものです。

たとえば、日本の著名な社会学者であった中野卓（1920〜2014）は、石川県七尾市（2024年1月1日の大地震で甚大な被害を受けた能登半島にあります）周辺で、定置網のブリ漁を生業にしてきた漁村の社会史である『鰤網の村の四〇〇年』を書き上げました。圧巻の書物です。その本で中野が詳述したのは、**農村とは異なった漁村の社会的仕組み**でした。

フィールド科学の調査研究においては、村の人口や漁業統計などの数字も使いますが、中心となるのは、人びとの生活の場を訪ね、そこでの様子をフィールドノートに記録したり聞き取りを実施したりする作業になります。漁業権がどのように村の構成員に与えられるのか。本家と分家はいかなる関係にあるのか、不況や不漁への対処法はどうだったのか。こうした事柄について、フィールドで入手したデータを用いて解明していくのです。

フィールド科学の手法による研究では、フィールドに学ぶ、という姿勢が、もっとも重要になります。**フィールドに行ったからこそわかったこと**を考察するのが、フィールド科学の鉄則です。そこに行かなくてもわかることであれば、フィールドに行く必要はありません。

たとえば、北海道の貧困家庭の教育事情について調べるとしましょう。現在では、このテーマに関するさまざまの論文や報告書が刊行されています。フィールド調査に行く前に、事前準備として資料を読んでおくことは重要です。

ですが、そこで書かれていることを確認するためにフィールドに行くのではありません。事前準備では登場しなかった論点、より具体的な内容、あるいはそれに反する事実を拾い上げるためにフィールド調査に行くのです。

先のテーマの例であれば、論文や報告書には「貧困は個人の問題ではなく社会の問題であり、社会的支援が不可欠である」という定型句がよく登場します。ですが、この定型句をそのまま現場で確認するだけなら、フィールドに学ぶことにはならないのです。

漁村の村落構造であっても、貧困と教育をめぐる問題であっても、あらかじめそうした問題に対する何らかの見解を持っておくことは悪いことではありません。そのうえで重要なのは、あらかじめ自分が持っている見解を、**フィールドの現実と付き合わせていく**作業です。

たとえば社会的な問題についても、外から見た問題とフィールドの中で人びとが向き合っている問題はズレていることがよくあります。貧困と教育の問題についても、単に貧困は社会の問題であると主張するだけでなく、なぜもっとも困難な層に教育支援が届かないのかを、教師や学童保育の実践者などの日々の営みを通じて考えていくような作業が求められます。

フィールドに学ぶというのは、自分の携えた枠組みをフィールドの現実に優先させるのではなく、フィールドで人びとが生きている現実を直視することから考察を出発させる態度のことを言います。

## †雪かきの現場から

そのひとつの例を、宮城県七ヶ宿町《しちかしゆく》での雪かきボランティアをめぐる事例研究から紹介しておきましょう（詳細はウェブサイト「トイビト」の記事である村田周祐「ムラは課題の集積地なのか」をご覧ください）。

雪深い地区の村では、冬の除雪が不可欠です。しかし高齢化が進む中で、住民自身による雪かきは困難になっていきます。そこで、住民以外の者が、雪かきを手伝うようになります。

この事例で興味深いのは、雪かきボランティアが、**雪かきをしない家がある**点です。集落内の家を雪かきしていくのに、たまに手を入れない家があるのです。なぜでしょうか。

その理由は、その家には近距離の市街地に子どもが住んでいるからでした。ボランティアが雪かきをしてしまうと、子どもが街から集落に戻る理由を奪ってしまいます。雪かきという理由があるから、子どもは集落に住む親の家に頻繁に帰ってくる。雪かきは、親子関係をつなぐひとつの機会なのでした。

独居だからといって、むやみやたらさ助けっと、子供とか親戚が帰ってくる理由を奪ってしまうべや。んだがら、子供が帰ってくる分だけ雪を残して、子供さ電話しなよって声をかけていっちゃ。
(「ムラは課題の集積地なのか」)

雪かきボランティアが高齢化の進む集落で活躍している、というだけであれば、新聞報道などでも知ることができるでしょう。そうではなく、もう一歩踏み込んで、雪かきボランティアが放置している家がある、という現実から問いを出発させるのです。

ただ除雪をすればよいわけではないのです。誰がどのように除雪をするのかという、人間関係のありようを踏まえた繊細な営みが、そこでは実践されているのです。

## †モノグラフ

エスノグラフィの特徴を、フィールド科学と関連づけるかたちで記しましょう。

フィールド科学による調査研究の成果は、主に「モノグラフ」と呼ばれてきました。モノグラフとは、英語の **monograph**（mono＝ひとつ、graph＝書かれたもの）をカタカナ表記したもので、ひとつの社会的単位（家族、地域、職場など）の全体過程を、それが置かれた社会的文脈に即して、詳細に記述した記録のことを指します。

日本の社会学の成果を紹介するなら、有賀喜左衛門《あるがきざえもん》（1897〜1979）の書いた『大家族制度と名子制度』がひとつの到達点であると言われています。有賀は岩手県旧石神村にある齋藤家の事例から、日本の家をめぐる克明な記録を書き上げました。そして日本の家は、血縁集団ではなく、生活の必要に応じて、非血縁者（養子や奉公人など）をその成員に含み込むという論点などが展開されます。

　この本を読んでいるみなさんの中には、「家」は「家族」と同義であり、それが血のつながりを前提にした集団であると考える人も多いでしょう。しかしながら有賀は、日本の「家」が、英語でいうfamily＝日本語の「家族」とは異なり、**非血縁者に開かれている**ことを強調しました。たとえば、血のつながった子がいても血のつながっていない養子に家の跡取りをさせてきた事実などを突きつけたのです。

　有賀の著作を読めば、家を血縁に閉ざされた集団とみなすような知識の前提が揺るがされるでしょう。事実を調べて書くことは、そもそもの前提を揺るがすような強烈なインパクトを与えることにつながっているのです。

　そのうえで、エスノグラフィがフィールド科学の中でもさらに特徴的なのは、他者と長期にわたる交流や実生活を共にすることによって、ありふれた出来事や生活の**ディテールを書き表す**ことにあります。

　ディテールとは、機微《きび》のことです。たとえば「食事をする」というだけではなく、どんなものをどんな順番で、どこに置かれたテーブルで、いかなるコップや食器を使って、誰が食べているのか。そんなありふれた生活のディテールをしっかりとフィールドノートに書き込むのです。

たとえば先ほど取り上げた有賀の著作は、調査票にもとづいた聞き取りに加えて、収集された資料を加えることで完成されています。あらかじめ作った調査票をもとに、被調査者から回答を得ていく調査手法のことをサーベイと呼びます。モノグラフは、こうしたサーベイで得られたデータに資料を加えて、書き上げられることが多いです。

それに対してエスノグラフィは、そもそも資料がなかったり、取材されることもなかった世界や人びとに調査者みずからが関与することで、**直接記録を書き上げていく**ことに特徴があります。

また、調査票に基づくというよりは、まずは現場の体感を記録していくことが重要になります。

## †可量と不可量

この点を「はじめに」でも取り上げたマリノフスキの『西太平洋の遠洋航海者』を用いて説明しましょう。

マリノフスキによるなら、エスノグラフィは、**実生活の「不可量領域」を書く営み**と言えます。ポイントとなるのは「不可量（imponderabilia）」という言葉です。

サーベイにもとづくフィールド科学においては、どうしても量で表すことができるもの、すなわち「可量」のものに観察の中心がいってしまいがちです。

フィールド科学の心得として「動かないものは測れ、動くものは数えろ」というものがあります。たとえばある村の調査をするとして、神社の鳥居など「動かないもの」は巻き尺で長さを測り、村祭りに集まった人など「動くもの」は何人いるかを数えるのです。スポーツのスタジアムの調査も同じです。「動かない」椅子はその座面の面積を測り、「動く」観客は目視でひたすら数える。

しかしこの心得は、エスノグラフィの重要な部分である「不可量」のものを削ぎ落としてしまいます。

不可量のものとは、たとえば村祭りで焚《く》べられた火の周りに集まっている子どもたちの会話であったり、村の特産物を調理して会食する場の様子だったりします。これらは測ることも数えることもできません。しかし調査者が、子どもたちの会話に耳を傾けたり、会食の場に同席させてもらうことで、村の人たちがどのように自分たちの村を捉えていて、そこで何が大切にされているのかを知ることができるでしょう。

不可量のものを表す

こうした**不可量のものを記録して書き表す**ことこそが、エスノグラフィの核心です。

マリノフスキによれば、可量のデータ——親族や食べ物といった事象のリストなど——は社会生活の構造を捉えることに寄与するが、それは「骸骨」にとどまるものになります。社会生活の骨組みを示してはいても「血肉」を削《そ》いでしまっていると言うのです。

すなわち、社会生活について**血の通った考察**を進めようとするならば不可量のものを捉える必要がある。これこそがエスノグラフィが目指そうとしたものでした。

## †不可量を書く

ここまでの内容を整理しておきます。

エスノグラフィとは、社会学をはじめとする「経験科学」の学問領域において採用される手法であること。

そして、データサイエンスや統計分析のようにフィールドの有無に関係なく取得可能なデータを処理する科学とは異なり、フィールドの実地調査を経て考察が深められていく「フィールド科学」に属する手法であること。

さらにフィールド科学のなかでも、サーベイのように可量のものだけでなく、「不可量」

のものをファーストハンドで記録することで当該フィールドの実生活のありようを捉える手法である、ということです。

では、どのようにしたら不可量のものが捉えられるのでしょうか。私の調査研究から考えます。

私は**「貧困」という主題**に強いこだわりがありました（その理由は私の書いた『タイミングの社会学』という本で記したので関心のある方はご覧ください）。すでに述べたように、エスノグラフィ調査の拠点になったのがボクシングジムでした。

ボクサーの多くはフィリピン中南部の貧困層の出身で、学校をドロップアウトしたのちに、みずからが食べていくためにボクサーになることが見られました。ジムに入門すると、食事とベッドは提供されます。彼らの多くは、チャンピオンを目指すと同時に、目の前の食い物と日々の寝床を求めてジムに入門します。そんな若者たちの生き様は、私を捉えて離さないものでした。

彼らの生き様は、私のもうひとつの重要な主題にも深く関わっていました。それは**「身体」という主題**です。私は貧困を考える際に、政府による貧困政策のような制度を考えるよりも、貧困を生きる人間たちの日常的苦闘それ自体を捉えたいと思ってきました。

貧しいということは体を（そして心を）壊しやすいということである。そう私は考えています。資産やコネを持つ者はそれらを使って稼ぐことができます。ですが貧しき者はそれらを持たないのであり、売ることができるのはみずからの体を元手にした労働のみとなります。「体だけが資本」なわけです。

そうやって体を酷使して労働すると体が壊れていきます。たとえば、汚れた空気を工場で吸っているうちに肺の病気になる。そして体が壊れると働けなくなり、よりいっそうの貧困化が待ち受ける。このように私は、貧困を身体という主題と重ねて考えたいと思っていました。

ボクサーはまさに**貧困と身体が掛け合わされた対象**でした。彼らは食べていくためにジムに入門し、そして身を削りながら試合をすることでファイトマネーを手にして生きています。私は、彼らがどのような生活背景を持ってジムに入門し、体を使ってトレーニングや試合をすることで何を獲得し、そして引退後にはいかなる未来が待ち受けているのかを詳細に描きたいと考えました。

体が壊れると働けなくなる

## †ボクサーの減量の事例

不可量を書くという点について、ひとつのエピソードを記します。ボクサーの減量です。ボクサーは試合に臨む過程で減量をおこないます。ボクシングでは体重別の階級制が採用されるため、ボクサーには通常体重と試合体重のふたつの体重があります。たとえば、通常体重が65キロ、試合体重が55キロといったような感じです（スーパーバンタム級の上限は55・34キロなので、この場合はスーパーバンタム級で出場することになります。世界的に有名なボクサーである井上尚弥選手の2024年現在の階級と同じです）。

なぜ通常体重のまま試合に出ないかというと、少しでも軽い階級で試合に出場したほうが、身体を有利に使えるからです。65キロの通常体重のまま試合に出るなら、階級はウェルター級（66・68キロ上限）になります。スーパーバンタム級よりも5つも上の階級になるため、対戦相手は身長が高く、体もゴツく、なおかつ腕も長いボクサーたちになります。そうするとパンチ力も違うし、体格差も明らかになってしまいます。だから、できるだけ減量して、軽い階級で出場するのです。

65キロを55キロまで落として試合をする。こう聞くとボクシングに興味のない読者のみなさんは、きっと驚かれるでしょう。10キロも減量してリングに上がるのですから。

ですが、このように「10キロ」という数字を使って、ボクサーの生活実践を把握するのは、前述の言葉で言えば可量の把握と言えます。「動かないものは測れ」という格言を思い起こしましょう。神社の鳥居の長さを「測る」だけでなく、何キロ体重を落としたのかを「計る」こともまた可量を前提にした発想です。

しかしながら、住み込み調査をおこなう過程で、私は減量においてタイミングが決定的に重要であることがわかってきました。何キロ落としたかだけでなく、どのようなタイミングで落とすのかという点が重要なのです。そしてフィリピンのボクサーが日本のボクサーと違うのは、このタイミングがとても困難な中で減量をしなければならない点です。

たとえば10キロ落とすにしても、それに3カ月以上を費やせるならば、計画的に減量を進めることができます。実際、日本のボクサーの場合、試合決定から3カ月くらいの期間をかけて落とすことが見られます。ですがフィリピンの場合、1カ月を切った段階で、いきなり試合が決まることが少なくありません。特に国際試合の場合、日本や韓国のマッチメイカーから、試合まで数週間という段階で試合出場の話がくることがよくあります。

そうすると、ボクサーたちは、そこから一気に減量をするわけです。日本のボクサーが

3カ月かけておこなう減量とは、全然、過酷さが違います。さらには、元々は別のボクサーが出場する予定だった試合に、そのボクサーが急なケガで出場できなくなった場合の代役として、試合まで2週間ほどで国際試合のリングに上がることも見られます。

どうしてこのように直前かつ不確実なタイミングで試合出場が決まるかというと、ボクシングは**スポーツであると同時に興行でもある**からです。つまり、興行には興行主がいるのであり、国際試合の場合、お金のある側の国が興行主になります。

日本とフィリピンの試合の場合、興行主は基本的に日本側になる仕組みがあります。そうすると、日本のボクサーに有利なマッチメイクがおこなわれ、フィリピンのボクサーは「噛ませ犬」として登場することが増えます。

フィリピンのボクサーからすれば、たとえ「噛ませ犬」であっても日本で試合をすることで、フィリピンよりも高額のファイトマネーを稼ぐことができます。かれらは食べていくためにボクシングをしている部分もあるので、その不利なマッチメイクを引き受けます。減量も十分な期間が与えられないことが多いです。

私は、住み込み調査を通じて、ボクサーたちが共通に**減量のタイミングをめぐる困難**を経験していることを知りました。急に試合が決定する。断れば次にいつ海外で試合をできるかがわからない。だから引き受ける。そこからは急激な減量がはじまる。

フィリピンのジムでは急激な減量のことを「クラッシュ・ダイエット」と呼びます。飲まず食わずの減量です。このクラッシュ・ダイエットを幾度も経験しながらボクサーとしての経歴を積み上げていくと、やはり体にダメージが蓄積していきます。体が壊れていくのです。

そして身体に蓄積したダメージを思考しようとすれば、単に何キロ減量したかという可量の把握だけでなく、それがどのようなタイミングでこなされたのかという不可量の領域を把握する必要が出てくるのです。

### †人びとの経験に迫る

エスノグラフィを書くことは、世の中において見過ごされがちなことを照らし出す実践でもあります。

試合結果のデータを見るだけでは見過ごされてしまうもの、すなわち減量のタイミングという次元を明るみに出すことを、それは可能にします。その世界に暮らす人びとが共通に向き合っている不可量の事象というものがあって、それを知ることから、エスノグラファーはその固有の世界の特徴を描出するのです。

試合結果のデータはボクサーに話を聞かずとも入手可能です。ですが、その試合結果やクラッシュ・ダイエットによる減量を、ボクサーたち自身がどう捉えているのか。そして彼らがそうした出来事にどう向き合っているのかを知ろうとすれば、エスノグラフィが必要になります。

出来事を当該世界の住人はどう経験しているのか。この**経験の次元**は、私たちの社会生活において大きな比重を占めているにもかかわらず、データ化された事象に比べてどうしても見過ごされがちなものです。

なお、私は決して可量のものの調査を否定しているわけではありません。私自身の著作においてもたくさんの可量のデータを使用しています。

エスノグラフィは不可量のものを中心に据えますが、だからといってそれだけで作品が成立するわけではないのです。見過ごされがちな不可量のものを記しながら、それと同時に可量のデータも副次的に繫ぎ合わせることで、ひとつの作品を作り上げていくのです。

ですので、可量がダメで、不可量がよいという単純な話ではありません。不可量のものを重視しつつ、**不可量と可量の両方のデータを使って**作品を仕上げていく。そう言った方が、実際にやっている作業には近いです。

## †身体でわかる

私がエスノグラフィ研究に惹かれたのは、人びとがおこなっている**営みの実際**から飛翔しないで、社会を考えることができるからでした。

そしてその「実際」を踏まえた研究を展開しようとするならば、私たちはまずその「実際」をきちんと捉えて、それから学ぶ必要があります。何かの意見を外から持ち込んで、現実を自分に都合よくフレーミングするのではなく、まずは「実際」に触れること。「実際」に触れようとしても、私たちはすでにいろいろな「色メガネ」をかけてしまっている点にも注意が必要でしょう。「実際」に触れるためには、まず自分が無自覚に掛けてしまっている「色メガネ」の存在自体を浮き彫りにしなければなりません。

このことが意味するのは、エスノグラファーは徒手空拳でただ長い時間をフィールドで過ごせばよいということではなく、やはり本を読んだり、他者と議論したりといった別の努力が必要になるということです【↓「読み」については第5章で説明します】。

こうした「実際」に触れることの困難について、もうひとつ私の体験を記しておきましょう。

私は**フィールド調査の仕方**というものを、大学院時代に教わりました。指導教員は農山村の調査を主たる仕事としていました。フィールドのひとつは、東北地方の有機農業を実践している村でした。そこでは調査をするというよりも、まずは「援農」をすることが重要でした。援農とは、都会に暮らす消費者（多くは首都圏に住んでいました）が、田植えや稲刈り、それに除草などを農家の人と一緒になっておこなうことで、農作業を援護する行為を指します。

しかし実際には、全然、援農にはなりません。都会から来た消費者は、すぐにへばってしまうからです。むしろ、援護されているのは、来訪した消費者たちのようにすら見えてきます。農家の方々は、都会の消費者をもてなすという点で、いつも以上に手間を要しているようにも見えました。

さらに、田植えや稲刈りは、農家の一年にとってハレの行事としてあります。ですが、有機農業を実践する農民には、日々の除草が不可欠です。炎天下で、足袋《たび》を履いて、稲と稲の間を手押しの除草機を押して何往復も田んぼの端から端まで歩き続けること。

そこは水田です。土壌はたっぷりと水分を含んでいる。やわらかい土に足を取られながら、灼熱の太陽の下で、頭にタオルを巻いて、延々と除草機を押し続ける。当時、私は20代半ばで体力には自信がありました。ですがわずか二日間の除草で、私は音を上げてしまいました。

指導教員は**身体でわかることとの大切さ**を学生たちに教えようとしていたのでしょう。無農薬、減農薬、環境にやさしい……そうした言葉や理念を振り回す前に、そもそも有機農産物の生産の現場がどうなっているのか。有機農産物を作るためには、どれだけの労働が必要なのか。その労働に人間の身体は耐えられるのか。

そうした具体的なありようを指導教員は私たちに無言で示すことで、言葉や理念を振り回しがちな研究者やライターの姿勢を、反省的に見つめようとしていたのだと思います。

私は指導教員のフィールドに同行することを通じて、何を調べるかだけでなく、それを**どのアングルから調べるのか**ということの大切さを学びました。白いスニーカーを履いてあぜ道から写真を撮るのか。足袋をはいて腰を屈《かが》めて作業したあとの休憩時間に雑談をしながら、農家の人の一言に思いを馳せようとするのか。

一口に有機農業について調べると言っても、どのアングルから調べるかによって、書き物の性質は大きく変化します。比喩的に言えば、正面から見るのか、横から見るのか、後ろから見るのか、ということが重要になるのです。

## †フィールドへのエントリー

この向き合いのアングルはまた、**フィールドへの入り方**とも深く関係しています。たとえば有機農業などのように地域社会を単位にしたフィールドワークの場合、常套手段は役場からフィールドに入るということになります。役場に電話をして有機農業について関心があるから話を聞きに行きたいと伝え、役場を通じて、農家の人を紹介してもらうというものです。

しかし私は、なるべくこうしたフィールドへの入り方をしないように、と指導教員から教わりました。

かつては「大名調査」と揶揄される社会調査もたくさんおこなわれてきました。大学の先生が、地域調査をする前に役場に連絡をする。そうすると、役場の職員の方が、あらゆる資料を集めておいてくれて、さらにインタビュー相手も手配してくれて待ってくれている。大学の先生は、まるで大名が来るようにして地域にやってきて、自分の調べたいことを調べたいがままに調べる。そんな先行世代の「大名調査」に対する批判の意味も込めて、指導教員は**役場から入らない**ことを主張していたのでしょう。

他にも、役場から入らないことの理由がありました。役場を窓口にすると、誇れる「成功」事例や「成功者」が引き合いに出されることが多いのです。地域のモデルケースをなぞることで、当該社会が把握されていきます。それは危ういことでもある、ということでした。

たとえばその地域にスポーツ少年団の活動があれば、そこに電話をして、少年団の練習日に顔を出してから、当該地域のことについて話を聞かせてもらう。少年団の活動に関わる大人は、だいたい当該地域に居住している人であり、なおかつ年齢的にも相対的に若い人が多いので、役場を通じて紹介される人びと――地域のリーダー的な位置にいる年長者の男性が多いです――とは違った地域の像に触れることができるのです。

あるいは地域の面する海や川で釣りをしている人に話を聞くのでも良いし、地域内の食堂でご飯を食べながらそこで働いている人に余裕があるなら話を聞いてみるのでもよいでしょう。民宿に泊まってその経営者に話を聞くこともできるし、銭湯に入って周りの方々の様子を感じることもできます。

## †漁民から見る

一例をあげるなら、私は院生時代に、茨城県鹿嶋市のコンビナート開発後の生活変容を調べる調査プロジェクトにメンバーとして入っていました。その際に、鹿嶋市の民宿で風呂に入っていると、一緒に入っていた別の宿泊者の人たちが「ていしゅう（定修）」という言葉を使っているのが耳に入りました。

これはコンビナートで4年に一度ほど実施される大規模な「定期修理」のことを表す現地語でした。この「ていしゅう」には、全国各地からさまざまな人が働きに鹿島までやってきます。この現地語ひとつからも、鹿島のコンビナートは鹿島という地域に閉じられたものではなく、それが日本全国に散らばる多くの技術者や職人のネットワークの拡がりにおいて成立していることを体感できたものです。

また、鹿島調査では**地域をどこから見るか**ということの重要性も教わりました。その研究プロジェクトは、鹿島のサッカー文化についても調べていたのですが、私たちは単なるスポーツ振興策を述べるような論文は書きたくありませんでした。スポーツ振興策は、スポーツを主語にして考えます。スポーツが地域をどのように活性化するか、という観点です。

そうではなくて、**地域を主語にすること**を、私たちのプロジェクトでは試みました。地域《ちいき》がスポーツをどのように取り込むのか。

こう視座転換すると、なかなか興味深い事例が視野に入ってきます。農家の女性が、麦わら帽に作業服姿で、駐車場の集金係をしている様子などが目に入ってきます。農地の横にスタジアムよりも安い値段で利用できる駐車場を作って、ちょっとした稼ぎとしているのでしょう。

農家から見たスポーツ。あるいは鹿島は伝統的に半農半漁の地域なので、漁民から見たスポーツ。これはなかなかおもしろい視座だと考えました。

しかしながら、この観点を手にしてからも、私は鹿島を訪れる際にいつもスタジアムから入っていました。鹿島の地図を作るときも、無意識にスタジアムを中心に描いた地図を作成していたのです。

指導教員は、私の視座が「漁民から見ていない」ことを指摘しました。農民や漁民から見ると言いながら、徹底できていないことの指摘です。たしかに、と私は感じました。

漁民から見るということは、漁民の立場に身を置くこと、すなわち**海からスタジアムを**

漁民から見る

**眺めるような視座**であるはずです。スタジアムから海を眺めるのではないのです。漁民から見るとは、単なる象徴的な言い方ではありません。もっと物理的に、漁民の立ち位置に身を置くこと（置こうとすること）でもあるのです。

とはいっても、漁師の方に船に乗せてもらうわけにはいきません。漁師たちは、私の経験上、こころよく聞き取りに応じてくれることはあっても、見ず知らずの者を船には乗せません。船は、彼らの仕事場であり家であり身体であり人生なのです。

船に乗ることはできないけれども、海から見た地域のイメージをわかっておきたい。そう考えた私は、夏場の海水浴場に行きました。海に浸かって、海から見た鹿島コンビナートの模様を体感するようにしました。ひとりでの海水浴です。たしかに海から地域を見ると、陸から見るのとは全然違って見えました。

海水浴場の付近には、海の家がオープンしています。海沿いの漁師の家々が、それぞれ独自に海の家を開いています。なかには私が以前に聞き取りをさせてもらった漁師のお宅もありました。「おー、どうした。今日は遊びかい」そんなふうに声をかけてもらいます。

私はその海の家を利用することにしました。着替えて、海からの地域の眺めをしっかりと体感して、シャワーを浴びて、かき氷を食べました。かき氷を食べているあいだ、その漁師の方とまたいろいろな雑談をしました。

ノートを片手に取材をするだけが調査ではありません。海の家を利用して海水浴をすることも、調査の一部です。それはまた、漁民から見る視座をどうすれば追体験できるのかを探る、私なりのやり方でした。

## †人びとの対峙する世界

以上のように、私はできるだけ当該社会で地に足をつけて生きている人びとに触れることから、フィールドを捉えるということを意識してきました。

それは先ほどの有機農業の例で言えば、有機農業を実践する農家の人びとを「事象」として見るのでなく、その農家の人びとが何を考え何を景色に読み取っているのかを、私も垣間見させてもらう。人びとの**主体的な眺望**のありように迫ることを目指すアプローチとも言えるでしょう。

言い換えれば、「人びと」を知るのではなく「人びとの対峙する世界」を知るアプローチとも言えるでしょう。「人びと」を知るのであれば、年齢や収入、家族構成といった属性のデータを可量的に把握することになりがちです。しかし人びとの対峙する世界を知ろうとすれば、その人がどのように日々の営みを捉えていて、何を希求しているのかを参与観察**【↓第4章で詳しく取り上げます】**や聞き取りを通じて迫る――不可量のものを中心に据える――必要があります。

そして人びとの対峙する世界に迫るためには、私たちはフィールドに学ぶ必要がありますす。みずからのものの捉え方を疑わずに、対象をみずからのレンズで上塗り的に捉えるのではなく、まずはみずからのものの捉え方を自覚しそれを鍛えなおすこと。対象に迫るためには、対象に向き合うみずからの「色メガネ」に自覚的になる必要があります。

この点をブルデューは**「客観化を客観化する」実践**であると述べました。調査研究を進めるにあたり、私たちは何かを研究の対象にする――客観化する――わけですが、その客観化の営みがいかなるやり方で可能になっているのか自体を反省的に検討する――客観化を客観化する――ことが求められるわけです。

対象に向き合うだけでなく、その向き合いに投入されてしまっている「色メガネ」の自覚が必要になるのです。そしてそうした営為を通じて、私たちはフィールドに学ぶことが可能になっていくのでしょう。

## †本章のまとめ

ここまで本章に書いてきたことをまとめておきましょう。

・エスノグラフィは、「フィールドに学ぶ」という基本精神を必要とする。
・エスノグラフィは、経験科学の中でもフィールド科学に収まるものであり、なかでも不可量のものに注目し記述するアプローチである。
・エスノグラフィは、対象にどのように向き合ったのかという調査者の構えがその作品に深く影響を与えることになる。

ではエスノグラフィは、最終的な成果としては何を描き出すことになるのでしょうか。私の見解は、人びとの「生活」を描き出すことにねらいがある、というものになります。次章では、エスノグラフィが表し出す、人びとの「生活」とは何かという点に議論を移していきます。

## コラム2　ペットによる社会的影響とその効果

ここ数年、学生の卒業論文で多いテーマが「動物」です。社会学は社会関係を問題にしますが、その社会関係とは必ずしも人間と人間の関係だけにとどまりません。人間とペットの関係もまた、時代や社会状況に応じて変化するものです。

この卒論では、愛犬家でもある著者が、ペットと生活する12名に非構造化式のインタビュー（質問票を埋めるような聞き取りではなく自由な対話形式でおこなうインタビュー。1名につき60〜90分の時間で実施）をおこない、ペットとの暮らしがいかに社会的影響を与えているのかを丁寧に描き出した作品です。

まず著者は、ペットの位置づけが時代の中で変化してきたことに着目します。犬であれば、かつては「番犬」として屋外で飼われていましたが、それが「ペット」に変化して家の中で飼われるようになります。

さらに近年では「伴侶動物」になり、人間の所有物としてではなく、人間と同等の伴侶として犬を捉えることが生じている点を指摘します。

この卒論では、番犬／ペット／伴侶動物という言葉の変遷を自覚しながらも、それらを統括する言葉として「ペット」が使用されています。

インタビューの調査対象者はみな学生ですが、その中には親との関係が気まずい人もいました。猫を飼っているKMさん（22歳・大学生・女性）は、次のように語っています。

ほんと必要以上に親とは喋らないというか。反抗期とかじゃないしお父さんが嫌いとかそうゆうのじゃないんだけど。でも猫来てから話しやすくなったというか。なんか間を保ってくれてるから、猫が。

猫は、KMさんと父親の「間を保ってくれてる」存在です。KMさんは、父親と話をする際には猫を同伴させていると言います。猫が部屋にいるだけで、互いに話しやすいのです。人間とペットの関係だけでなく、ペットを介することで生じる人間と人間の関係のありよう。その点を照らす言葉として、本論文のタイトルにある「ペットによる社会的影響とその効果」があります。

また、NKさん（22歳・大学生・女性）は、父親が転勤族で、幼い頃から引っ越しを繰り返しました。犬を2匹飼っていたので、彼女の母親は新たな地に「犬友」ができることで、そこでの暮らしに溶け込んでいったことが語られます。

調査対象者の人びとは、メディア報道に対しても鋭い視線を持っていました。震災報道などで、災害の影響が人間だけでなくペットに及んでいることが報道されることがありますが、その内容をめぐって、TYさん（22歳・大学生・女性）はこう語っています。

動物のテレビとかってさ、正直、感動系のやつしかやらないじゃん。言い方悪いけど。なんか震災後の犬とか猫の状態とか、なんか飼い主とはぐれちゃったけど感動の再会とか、そうゆうやつばっかりだし。なんでもっとリアルな部分とかやらないんだろうって思う。

この卒論を読む前に、私はたまたまテレビで、震災後のペットと飼い主の再会をめぐる番組を観ていました。そして感銘を受けていたのです。この卒論を読んで、みずからの感情の前提を問われることになりました。読むことは揺さぶられることでもあります。そうして揺さぶられながら、人は物事をめぐる見識を深めていくのでしょう。

この卒論は、当初、動物と暮らす人びとを記録するエスノグラフィ研究として実施される予定でした。新型コロナの影響でそれは不可能になりました。それでも、オンライン・インタビューに切り替えて仕上げた著者の熱量を、いまでも私は記憶しています。

（2022年度日本大学卒業論文）

第3章

# 生活を書く

本章のポイントは、エスノグラフィが**生活を書く営み**であるという点です。こう聞くと簡単そうに思えるかもしれませんが、実はなかなか奥が深いものです。アメリカ、アフリカ、日本など各地の事例を紹介しながら、このポイントについて理解を深めていきましょう。

## †シカゴ学派

エスノグラフィは、すでに述べたように、もともと人類学が練り上げてきた調査手法でした。

西洋近代からみると未開とみなされてきた地域――南太平洋やアフリカなど――に赴き、長期にわたって現地の人びとと寝食を共にしながら、そこで営まれている生活について書く。そうして、現地生活における家族形態や生業や儀礼などが詳細に記されてきました。

エスノグラフィは、人類学の隣接領域でもある社会学にもすぐに影響を与えました。とりわけ、アメリカの社会学において重要な潮流を成したシカゴ学派が、**社会学のエスノグラフィ研究の拠点**となりました。

シカゴ学派の研究者たちは、未開社会ではなく、大都市シカゴの都市問題を研究するために、エスノグラフィを用いました。シカゴ学派のカリスマ的なリーダーであった社会学者ロバート・パーク（1864〜1944）の指導のもとに、大学院生たちがギャング、スラム、犯罪、少年非行などの研究を次々とおこない、エスノグラフィをたくさん発表していきました。

当時のシカゴは、急激な産業化により、ヨーロッパ中からの移民を労働力として吸収していました。同時に人種・民族的な緊張関係を生み出し、貧困を拡大させ、犯罪の温床を作り出してもいきました。

シカゴ大学はロックフェラーの寄付をもとに1892年に開学した研究大学ですが、なかでも社会学科は世界で初めて社会学の博士号を出す学科となります。そのシカゴ大学において、**シカゴの都市問題を研究する手法**として、エスノグラフィが採用されたのです。

シカゴ学派のエスノグラフィは、たくさん邦訳されています。どれも珠玉の作品ですので、ぜひ手に取ってみてください。

私もそれらを愛読してきましたが、読んでいると気づくことがあります。それらは基本的に、**ありふれた日々を記録していること**です。言い換えるなら、何気ない生活の模様が記されていると言えます。たとえば、夜のダンスホールで働く女性の踊り子の職業生活や

(『タクシーダンス・ホール』)、非行少年がみずからの手で記した自伝の再構成など(『ジャック・ローラー』)、ごく普通に生きている人びとの生活のディテールが描かれるのです。

この点は、社会学の勉強をはじめた頃の私には、新鮮なことでした。なぜなら、そこには「劇的な事件」が登場しないからです。爆弾を落としたり、革命を企《くわだ》てたり、猟奇的な殺人を実行したり、といった劇的なことは起こらないのです。ドンパチの模様はなく、淡々とした日常が仔細に記されていく。

## †生活を見る眼

社会学とは、社会が変化していくさまを、すなわち社会変動のみを考察すると勝手に思い込んでいた私は、「大きな出来事」を捉えるのだと当初は思っていました。例を出すなら、リーマンショックによるたくさんの企業の倒産は、そうした大きな出来事でしょう。

しかしエスノグラフィは、もっと**細部の出来事**に眼を向けます。それはたとえば、リーマンショックで職を失った男性が、いかに家族の空間においても居場所と役割を喪失するかを丁寧に見つめるような作業でしょう。

劇的な事件は、容易に私たちの目を釘付けにします。ショッキングな写真や映像に目を奪われることも貴重な体験ではあります。ですが、社会の動きをきちんと捉えるためには、無条件の共感ではなく、いかなる条件がそうした悲惨を生み出しているのかという文脈や背景の理解が必要になります。

ブルデューは**「暴力は現前すると同時に仮面をつけている」**と記しています（『実践感覚I』）。パーっと劇的なものが姿を現しているとき、そこでは同時にヴェールに包まれた別の事態が進行しているとも言えるのです。その点を意識することもまた、私たちの眼力を鍛えるためには必要でしょう。

『世界の悲惨』のブルデューの言葉を思い起こしましょう。「笑わない、嘆かない、呪わない。ただ理解すること」。この点がやはり重要なのです【→第1章】。そしてこうした理解の力を涵養《かんよう》するのは、おおむね、誰もが目を奪われる劇的な事件のフレームをなぞることによってではなく、ありふれた生活のディテールを注視することを通じてであるのです。

言い換えるなら、劇的な事件を見るのは容易ですが、生活を見るのはそれよりも難しく、**練習を必要とする**のです。生活を見る眼を鍛えることは、重要な意味が備わっているにもかかわらず、私たちが見過ごしてしまっている事態を、きちんと見ることを可能にしてくれます。

劇的でない風景

それは、第1章でも指摘したように、暴露とは違います。暴露というのは、一般人にはアクセスできない秘密資料などを暴くことを意味します。そうではなく、人びとの生活はすでに私たちの眼前に現れている。注意してみれば誰もが気づくことのできるものです。よって、生活を書くということは、すでにあるけれども見過ごされがちなものを、きちんと細かく見ることを通じて、人びとの生きる文脈や背景を捉える力を洗練させることでもあります。**エスノグラフィはポルノグラフィとは違う。**エスノグラフィは、誰もが知っている等身大の人間の姿にあらためて立ち返り、それに言葉を与えていく地道な作業です。

本章では、このような観点から、生活を書くことをめぐる思索を、読者のみなさんと一緒に深めていきます。

その作業にあたって、私が大きな影響を受けてきた**ふたつの研究の潮流**を紹介します。ひとつはアフリカの都市人類学の系譜であり、もうひとつは排除と差別をめぐる日常生活批判の研究です。

## †アフリカの毒

最初に紹介するのは、日本で発展してきたアフリカ研究の潮流です。私は大学院に入ったばかりの頃にこの潮流の仕事を読み、自分もこのような研究をしたい、と憧れの気持ちを持つようになりました。

なかでも、アフリカの都市人類学という領域を切り拓いた**松田素二の一連の仕事**は、エスノグラフィの魅力、ひいては学問のおもしろさを教えてくれるものでした。

日本の学界ではアフリカでフィールドワークをおこなう人類学者や生態学者たちのことを「アフリカニスト」と呼ぶならわしがあります。

1961年、まだケニアやタンザニアが独立を達成する前の時点で、生態学者の今西錦司(1902~92)率いる調査団が、類人猿班と人類班に分かれてタンガニーカの内陸部に入りました。それ以来、数々のアフリカニストたちが、フィールド科学にもとづく研究をおこなっていきます。

かれらに共通した研究の心情を表す言葉に「アフリカの毒」というものがありました。一度アフリカの大地を踏んだ人間は、その後も魅せられたように何度でもその土地へと引き寄せられる、というものです。数カ月に及ぶ現地調査の期間が終了すると、後ろ髪をひかれる思いで日本に戻ってくる。すぐにアフリカが恋しくなり、次の機会を見つけてアフリカに引き寄せられていく。そんな心情です。

この言葉に対して、それを素朴なロマンの投影であると批判することは容易でしょう。雄大な大地に暮らすアフリカの人びとを賛美し憧憬することは、裏を返せば「冒険好きな文明人」であることを自己称賛するナルシスティックな態度とも言えるからです。

もちろん、アフリカニストたちはこうした批判に自覚的でした。かれらは日本で生活する自分たちと、アフリカで生活する人びとの間に安易な共通性を設定することはしませんでした。しかし、だからといって、両者の間に絶対の溝を確認し、相互理解の不可能性を訴えることもしませんでした。

両者の生きる世界の違いに立ちすくみながら、それでも了解し合うことはできる。そんな**フィールドでの「実感」を拠りどころにした関係形成**を、かれらは目指すことになります。

### †同時代の人びとへ

「アフリカの毒」や「実感」といったキーワードからわかることがあります。それはアフリカを**問題地域としてのみみなすような態度を取らない**ことです。この点は、日本の教師や学生がアフリカに対して取りがちな態度とは異なるものでした。

高校の世界史や政治経済の教科書では、アフリカは植民地支配を受けた地域として紹介され、今日においても民族紛争や貧困問題の深刻な地域として取り上げられます。さらに、紛争や貧困といった「社会的課題の解決」のための策として、ODAをはじめとする先進国からの開発援助、それにマイクロファイナンスの事例などが紹介されていきます。そこでは私たちと同時代を生きているアフリカの人びとの主体性が、徹頭徹尾、削《そ》がれているのです。

アフリカニストたちが批判してきたのは、こうした**「問題地域」史観**に対してでした。かれらはフィールドに住む人びとが、どのようにして暮らしているのかを、人びととの交流を通じて描き出していったのです。訪問に先立って対象を「問題地域」と括《くく》り、勝手にその「解決策」を考案するような態度とは異なるものでした。

そもそも人はどのように暮らしているのか。何によろこび、いかにして生活を成り立たせ、そしてどのように政治的に戦うのか。

それら自体を直視するのが、アフリカニストたちの態度でした。この点は、第2章で論じた「フィールドに学ぶ」という哲学とも共鳴するものです【↓第2章】。

## †地続きの人類学

アフリカニストの系譜に連なるエスノグラファーで、ナイロビの都市スラムで住み込み調査をおこなったのが松田素二でした。

松田の研究は次の二点において革新的なものでした。第一に、山や海に暮らす民ではなく大都市ナイロビに生きる人びとを事例にしたこと。第二に、ナイロビの都市的世界が為政者や開発NGOなどカネと権力を持ったアクターだけでなく、**末端に生きる人びとの生活実践を通じて**形作られていることを描出したことです。

一点目については、従来のアフリカ研究が山や海での伝統的な暮らしを送っている人びとを対象にしがちであったのに対し、松田は首都ナイロビに群がる人びとの居住区についての詳細な記録を書き上げたことが重要でした。

ナイロビは植民都市です。交易などを通じて自生的に発展した都市とは異なり、ナイロビはイギリスによる植民地統治の必要性から19世紀に人工的に建設された都市でした。「ナイロビ」とはマサイ語で「清涼な水」を意味します。

インド洋からビクトリア湖までの鉄道を建設中だったイギリスが、ちょうどその中間地点に位置し、きれいな水を入手できるという理由で作った都市がナイロビでした。高低差のある地形のうち、その高部に白人居住区が定められました。高部は蚊が少なく、水害に悩まされることも少なかったからです。かわりに現地民が居住したのは低湿地でした。雨が降れば水が溜まり、蚊が大量発生して、コレラも蔓延《まんえん》することになります。

松田は、スラム街のカンゲミに四畳半ほどの部屋を借りて、エスノグラフィ調査を開始します。松田はさらりと次のように書いています。重要な箇所ですので引用しておきましょう。

電気や水道、ガスや電話はないけれど、暮らしてみれば、それが日常になる。

（「アフリカという毒」『学問はおもしろい』79頁）

「それが日常になる」感覚を基点に、松田は人びとの生活を克明に記していくのです。松田は、あらかじめ設えた調査票をもとにその回答欄を埋めていくような調査をおこないませんでした。彼は、自分もまず、**他の人と同様に生活できるようになること**に注力しました。

毎朝、他の住人と同じように水道栓の前に並ぶ。汲《く》んできた水で湯を沸かして朝食代わりの紅茶――ここにもイギリスの植民地だったことの影響が垣間見えます――を飲む。砂糖とミルクをどれくらい贅沢に使用するかに頭を悩ませる。

それから職探し中の知人に同行して中心部まで歩きはじめる。職探しを断念した男と一緒に昼ごはんは我慢してブラブラと過ごし、その後、歩いて長屋に戻る。その日の職にありつけた人の家にお邪魔して夕飯を分けてもらい、幸運ならドブロクも飲ませてもらう。そんな長屋暮らしを、松田は日常にしていきました。

こうした**都市下層民たちの日常**は、従来のアフリカ研究では十分に捉えられてこなかったものでした。

アフリカニストは、私の言い方になりますが、「遠くの世界」を見つめる癖があります。日本の暮らしとは違う、「遠く」のものとして措定されるのは、伝統的な生業や習俗を備えた地方色の強い生活になりがちです。でも松田は、こうした「遠くの世界」を扱うならわしを批判して、かわりに人口の密集するナイロビを対象にしたわけです。

松田は「地続き」という言葉を好んで使います。違いを絶対化して日本とアフリカを二分するような議論ではなく、またアフリカを遅れた「問題地域」とみなす議論でもありま

砂糖とミルクをどれくらい使うか

せん。

まったく違う世界に生きる人びとであるけれども、かれらとの間に交流が成立すること。そしてその交流を通じて人間や社会のありようを見つめ直すような学問。そうした**地続きの人類学**を、松田は大都市ナイロビから作り上げていったのでした。

## †生活実践へ

2点目は生活実践を捉えることです。

「地続きの人類学」を展開するためには、人びとの生活実践に伴走する必要があります。**かわいそうでもたくましいでもない**。かれらなりに普通に、そして必死に生きていること。それを書き残すことで、そこにおいて生きられている生活知のありようを世界中に拡散させるのです。

ナイロビは為政者によって作られているだけではありません。それは農村からの出稼ぎ民をはじめ、膨大な庶民たちの生活実践を通じてできあがっているのです。**下からの都市化**が見られるのです。

人びとの日々の職探しに付き添いながら、松田はあることに気づきます。市役所で雇用や住宅の統計を見ると、ナイロビには実際に居住している人びとの半分程度を養うだけしか、雇用も住宅も用意できていないという事実です。残りの半分は、計算上は、生きていくことが不可能ということになっていたのでした。

この点はミステリーとも言えるでしょう。松田の周りには、生存不可能とされた正規の雇用や住宅の外部で、それでも人びとが生きている現実があるからです。

ここに松田の生活実践への着目が接続されます。都市下層民たちは、不可能な条件での生活を可能にさせるために夥しい生活実践を展開して生き抜いているのです。

それは**究極的に「自立」した生活**とも言えます。なぜなら、国家や制度がほとんど何も提供してくれない環境下で、それでも人は創意工夫を凝らし生きていっているからです。

突然の押しかけや居候《いそうろう》といった長屋での居住の流儀、職探しに失敗した者がそれに成功した者から食べ物を得る方法、出身母村と都市出稼ぎ民との往還的なつながり、白人たちのサーバントとして生きる手法、ただ生きるだけでなくより良く生きるために大切な死者儀礼や飲み会などの文化的実践。

松田のエスノグラフィには、さまざまな印象的な場面が描かれ、読者はそれを読みながらその場面に立ち会っていきます。

いつもと変わらないウガリとスクマウィキの夕食をすませると、もう時間は夜八時を過ぎる。缶詰めの空き缶にブリキの覆いをつけてボロ布をさし込んだだけのランプに、引き寄せられたかのように、何人かの友人が訪ねてくる。たいていは、明日着て行く服やズボンを交換しようという申し入れだ。彼らは例外なく、たいへんなオシャレで着道楽だ。

（『都市を飼い慣らす』122頁）

**場面があること**。これはエスノグラフィにおいて決定的に重要な点です【↓第1章】。衣装交換はひとつの互助実践と言えるでしょう。服が足りない中でおしゃれを楽しむために、衣装交換をする。松田のエスノグラフィで重要な位置を占めているのは、こうした人びとの互助関係が表れる場面です。

職探しや困ったときの支援をお願いする場合、「身内」を頼ることになります。松田の考察によれば、「身内」は重要度の高いものから順に、「親・兄弟」→「近い親族・姻族」→「同郷同世代」→「同郷一世代上」→「同民族」→「異民族」となります。

互助関係というと、民族や同郷者集団を前提にした麗《うるわ》しき助け合いの物語が私たちの頭に思い浮かぶかもしれません。しかし、全然そんなことはなかったのです。極めて「近しい者」しか助けない。

結局、頼りになるのは、親・兄弟であり、よくて近い親族・姻族《いんぞく》に留まるという実態が浮かび上がってきます。都市下層民の多くは村からの出稼ぎ者ですが、ここに観察されるのは出稼ぎ民の「閉じられた世界」です。

では結局、かれらは非常に近しい「身内」しか関係を持たず、ごく小さな単位でバラバラに圧倒的な貧困下を生きているのでしょうか。そうではない、ということを松田は別の事例から力強く描き出します。かれらは**「身内」を拡張させていく理屈**を作り上げていたからです。

たとえば、長屋の部屋に突然押しかけてきた人間が、松田が訪れたことのある村の知人の義兄であったりします。「知り合いの知り合いは知り合い」という理屈が作動するので、そうなると「身内」の重要度において高いランクとなるわけです。

しかしこれにはカラクリがあります。彼は本当に義兄であるわけではなく、その知人との擬制的な「義兄」だったりする。

マラゴリ語では、自分と同じ性の兄弟姉妹をアムヮボと言いますが、この言葉は血縁関係上の兄弟姉妹を指すだけでなく拡大使用もされます。同じ建築現場や酒場で仲良くなった者たちが「兄弟」と呼び合うように、この言葉は血縁だけでなく社会的交流の中で融通無碍に拡大解釈されて用いられます。また、妻の兄弟や自分の姉妹の夫を指すムクワシのような姻族呼称も同じように拡大適用されるのです。このように、人びとはその**呼称上の関係で互いに納得し合う**ということに意味があります。

ここに「身内」しか助けないという「閉じられた世界」と、実際には多くの人を助け交流するという「開かれた世界」が両立する仕組みが生まれます。「身内」カテゴリー自体を生活の都合に応じて柔軟に用いて、厳しい都市生活を「身内」内で守りながら生きていく、そんなダイナミズムが見て取れるわけです。

松田のエスノグラフィは、一方で、みんなが助け合うユートピアではなく、互助が「身内」に閉じられていることを冷徹に描きます。他方で、「身内」カテゴリーが人びとに伸縮活用されることで、閉じられた世界が開かれていく仕組みを示します。

**人間の生活とは、かくも興味深いものなのです。**

松田のエスノグラフィは、劇的な事件を中心に描くわけではありません。ナイロビで起きた歴史的な暴動に参加した長屋住人の逸話なども登場しますが、多くは職探しや日々の飲み会などありふれた日々を記しています。

## †日常生活批判

松田をはじめとするアフリカニストによる研究は、狭義のアフリカ研究を超えて、私と同世代の社会学や人類学を学ぶ者たちに大きな影響を与えました。

松田は、並行して日本でも、琵琶湖畔の集落をはじめいくつかの村でフィールド調査をおこなっていました。「地続きの人類学」を展開するためには、日本の事例もまた同時に考察する必要があったからです。それらは『水と人の環境史』や『環境問題の社会理論』という共同研究の成果に結実していきます。

ここでもポイントは生活でした。生活者の視点に立って、そこから地域開発や環境問題のありようについて再考する。こうした研究は「生活論」と呼ばれる学的潮流に乗ったものでした。

生活論については次の第4章で言及するとして、ここでは私にとってのエスノグラフィ研究のもうひとつの重要な水脈である、日本の排除や差別の研究を紹介します。具体的には**「日常生活批判」としての社会学**を提示した作品の数々です。

日常生活批判とは、私が学生時代に教わった先生たちの世代（1950年前後の生まれの方々）にとって深い意味をもった言葉でした。この世代の先生たちは、高校生や大学生の頃に学生運動やベトナム反戦運動に触れていて、その体験を経て社会学に出会っていった人たちが多い傾向にあります。活動家上がりの先生も、そうした活動とは距離を取って過ごした先生も、どちらもがそうした社会運動を無視しては研究を進めることのできなかった世代でした。

日常生活批判は、そうした時代背景の中で出てきた考え方です。複数の流れや定義もありますが、ここでは私なりの理解でまとめてみます。

社会に根づく不正義や不平等に反対する運動を展開しようとするならば、そうした不正義や不平等を生み出す「構造」や「制度」を変革する必要があります。貧困は自然に発生するのではなく労働力を搾取する構造があるから生まれ、病院や難民キャンプといった施設制度は被収容者の生を保障するためではなく被収容者を一般社会から隔離するために存在している。だから、こうした**構造や制度を変革するための運動**が展開されることになります。

こうした構造変革や制度変革はとても重要なのですが、しかしそれはまた、そうした運動を展開する「みずから」については無垢で手つかずのままとみなしてしまう傾向性を備えています。制度変革を訴える「わたし」は正しい存在であることが仮定されるのですが、しかし果たしてそうなのでしょうか。

たとえば農村の貧困を問題視するとします。農村の貧困の背景には、都市が農村を収奪する——人も資源も——構造があるとします。ではその構造を糾弾する「わたし」は何者か。たとえば学生運動であれば、都会で食べるものには困らないで学生生活を送っている自分もまた、こうした構造に乗っかったかたちで私生活を送っていることが視野に入ってきます。

ここに日常生活批判という視座が登場します。構造変革や制度変革は、**同時に自己変革を伴う**のではないか、という視座です。

「みずから」を構造や制度とは無縁とするのではなくて、「みずから」もそうした構造や制度の一部に組み込まれていることを理解すること。つまり、自分の外にある構造や制度を批判するだけでなく、その**構造や制度が自分の中にも刺さっている**ことを確認すること。ここに日常生活批判のベクトルが誕生するわけです。

日常の外に構造や制度があるのではなく、日常自体が構造や制度によって構成されていること。この点は公的領域（パブリック）と私的領域（プライベート）の関係を問いなおすことでもありました。

貧困問題や差別問題は公的領域で起こっていることだとみなされがちです。たとえば差別問題に対して、家の外で反差別運動を展開している人が、家に帰るとあたかも自分が王様であるかのように振る舞っているという事例は、ときどき耳にするものです。私的領域は問題の圏外としてサンクチュアリ化されてしまっている。しかし問われるべきは、公的領域を問題の圏内、私的領域をその圏外とみなす発想そのものであるということも主張されていくようになります。

こうした視座は**フェミニズムの思想ともつながっている**でしょう。「個人的なことは政治的なこと」であるという主張は、まさに「個人的なこと」を考察の射程外に置いてきた人文社会科学への根底的な批判でもあったのです。

### †差別の日常

日常生活批判の営みの中で、私にとって重要だったのは、排除や差別をこの日常生活批判の観点から考察するという、社会学者の好井裕明や山田富秋による仕事でした。

ふたりは障害者運動や部落解放運動、あるいは薬害エイズ問題など、さまざまな排除や差別に関わるフィールドに赴き、参与観察や聞き取りをおこなって、その内容を日常生活批判の観点から描出していったのでした。

たとえば、**部落差別をめぐる記述と考察**を取り上げましょう(『排除と差別のエスノメソドロジー』)。この著作について紹介する前に、少し私の個人史を書きます。

私は1977年に岡山市で生まれ、1980年代に小学校や中学校に通いました。部落差別は、私にとって、学校で習う以前に、日々の生活において体感されるものでした。

結婚しようとしたが、住んでいる場所の住所を相手の親に伝えた際に、その話が破談にされたこと。自分たちがいつも野球をして遊んでいる公園や河原沿いの空き地は、市内の別の地域に居住する人からすれば「あそこには近づいてはいけない」と勝手に言われている場所であったこと。小学校ではソフトボールのスポーツ少年団に入っていたが、自分たちのチームは普通にしていても「ガラが悪い」と囁《ささや》かれていたこと。

そんなことを、私や同じ小学校に通う友達は体感していました。大人はしょうもないことをする、というのが、私たちの漠然とした共通の感覚でした。

そんな**差別のうっすらとした体感**を身につけていたわけですが、小学校でも中学校でも

熱心な教育

同和教育の授業は熱心におこなわれていました。先生たちは、熱く話していて、その熱量はいつもの授業とは異なったものでした。当時流行《はや》っていて、私たち小学生も聞いていたブルーハーツというバンドの歌の歌詞を黒板に書きながら（ボーカルの甲本ヒロトは岡山市出身でもありました）、人を踏みにじる差別行為の細部について、子どもたちに伝えようとしていたことも思い起こされます。

高校生になった私は、高校でも同和教育の話を授業で聞く機会がありました。小中学校は学区割りされた市立の学校に通っていたので生徒に地域性がありましたが、高校は学区割りがなくなり、私は遠く離れた県立高校に自転車で通っていました。

高校で語られる同和教育は、形骸化したものでした。「同和問題」というのが「日本社会」にはあります。その「同和問題」の「解決」のために「立ち上がった勇敢な人」がいて、それを「水平社といいます」。岡山にもまだ「そんな問題」が「残っています」。みなさん「気をつけましょう」。そんな内容でした。

この**語られ方のギャップ**は何だろう。

部落差別という事象についても、ここまで語られ方が違うこと。そのギャップの大きさを体感したのは、高校時代でした。

## †「いま―ここ」の注視

さて、話を、排除と差別の日常生活批判へと戻しましょう。

社会学における伝統的な差別研究は、差別の構造を説明するものでした。そのために、社会学理論が適用されます。偏見や差別が生じるメカニズムが、さまざまな類型図や四象限の図とともに解説されていく。

そうした解説は、つねにヒリヒリした感覚と共にある、抜き差しならぬ関係において生み出される差別行為を空洞化させるものでもありました。好井や山田の言葉で言えば、差別は「いま―ここ」で生み出されています。その渦中で、人は言い返したり、無視したり、傍観したり、あるいはもっとひどい仕打ちを受けたりします。

差別も暴力も目の前で起こっている。差別をメカニズムとして解説する論文は、目の前で起こっている出来事をすっぽりと置いてきぼりにしてしまいます。

そうではなく、好井や山田は**「いま―ここ」で起こっている差別行為**それ自体を注視する、排除と差別の質的研究を構想しました。

たとえば、当時、「事実確認会」という営みがおこなわれることがありました。ふたりが取り上げるのは、広島県のある中学校の事例です。その学校で起きた生徒の差別発言をきっかけに、今度は教師の差別事件も発生し、その中学校自体が持っていた体質や、町自体が歴史的に備えてきた差別的な雰囲気が議論の対象になり、事実確認の話し合いの場が持たれたのでした。

この事実確認会の場でのやりとりをビデオカメラに収め、そのデータを文字起こしした資料をもとに、好井と山田は部落差別が事実確認会のまさに渦中で、その現場の「いま―ここ」で展開する模様を捉えたのでした。

読者のみなさんは、差別行為というと、露骨な誹謗中傷などが思い浮かぶかもしれません。もちろんそうしたものもありますが、好井たちが**問題化したのは、もっと細かいもの**でした。

事実確認会の場においてすら、部落についての差別発言をする人がいます。それに対して解放運動の側が言います。

自分たちを前にして、平気でそういう差別発言をする、あんたらが情けない。こころは痛まんか？　あんたのこころは傷つかんのか？　あんたのこころはどこへいっとるんだ、身体から飛び離れて、そこらへんをさまよっとるんか、こころを呼び戻してこいや……。

こうして話が進み、一方の人がポツリポツリと言葉をさがすようにして語り出します。

「申しわけないと思う」。すると確認する側が「誰に対して申しわけないと思う？」と問う。しばらく考えて「被差別部落の人たち」と答える。その答えに対して、問うた側は〈いま―ここ〉で猛烈に痛みを感じて怒るわけです。「何を言ってんだ。あんたの言うてくれる『被差別部落の人たち』いうのは、どこにおるんじゃ。わしらがここにおるじゃないか。あんたの目の前にわしらはおるじゃないか」

（『排除と差別のエスノメソドロジー』33頁）

目の前にいる人ではなく「被差別部落の人たち」という**抽象化したカテゴリーしか相手にしない**こと。この点をめぐってふたりはこう書き付けます。

そこで自分の全存在をかけて、面と向かっている人に対して、そういう「カテゴリー」でしか表現できないような状況に日常的に〝はまっている〟ということ（同前）

ここにはカテゴリー化の問題があるわけですが、重要なのはカテゴリーの使用そのものというよりも、その使用を通じて**「いま―ここ」で起こっている出来事から距離を取る**ことにあります。「そこから逃避しようとする〈力〉」がその行為には表れている。

それに対して事実確認する側は問い返します。「被差別部落の人たち」いうのは、どこにおるんじゃ、と。

それは好井と山田によるなら「相手を引き戻そうとする〈力〉」と言えるものです。事実確認する側は、さまざまなコミュニケーション戦略を用いて、相手が「差別事件」や「同和問題」という形で「いま―ここ」から飛翔した抽象化された問題に出会うのではなく、自分たちの「存在」と出会うように働きかけるのです。

好井たちは、差別の研究をおこなううえで、抽象化・一般化された解説図式を使って、差別現象を解説するような従来の研究スタイルではなく、人が差別をしたりされたりするその渦中でいったい何がおこなわれているのかを、その**内部から記述・考察する**ような差別研究を模索していったと言えるでしょう。

そうした研究はまた、差別を構造に還元するような発想ではなく、差別が日常生活の中に自明のように浸り込んでいることを直視するものでした。

## †「人びとの方法」への着目

こうした排除と差別の日常性批判の研究が示すのは、「人びとの方法」への着目が重要になるという点です。排除や差別の内容だけでなく方法に目を向けることです。具体的には、差別行為について何をしたのかだけでなく、いかにしてしたのかに注目することです。たとえば謝罪をしたとします。その点において「謝罪」はおこなわれたことになります。ではそれはいかにしておこなわれたのでしょうか。電話なのか、対面なのか。対面だとして、どこで直接会って謝罪したのか。謝罪の渦中で、どのようなやりとりがなされて、そのやりとりはどのような深まりをみせたのか。

こうした**「いかにして」のレベルを細かく見ていく**。実際、人びとはさまざまな「人びとの方法」を用いて、相互行為をおこなっています。カテゴリー化された範疇《はんちゅう》をなぞることでその場を乗り切ろうとするのもそうした方法でしょうし、ひたすら謝罪しまくるという方法もあるでしょう。

これは「生活を書く」ことを目指すエスノグラフィにも示唆を与えるでしょう。生活を書くときに、人びとが何をおこなったかだけでなく、それをいかにしておこなったのかを、具体的に細かく見ていくこと。また、日常生活を「構造」や「制度」の下にある付属物とみないこと。日常生活自体が「構造」や「制度」との関係において構成されていると捉えることもまた、日常生活批判の研究が教えてくれることです。

好井と山田にとって、日常生活は、何ごとも起こらない退屈なものではありません。そこには「人びとの方法」が満ちていて、そうした方法が駆使されることで、日常生活が創り上げられていっているのです。

そうした日常生活に降り立って、そこから離れないで社会学をすることが、かれらの仕事では試みられていたのでした。

## †遠近法的アプローチ

本章では、エスノグラフィが生活を書く実践であることを論じてきました。

しかし、大学の授業で「生活を書く」ということについて学生に話すと、学生から「生活って自分に身近すぎて、どうやれば捉えられるんですか？」という質問を受けることもあります。

生活は対象化しづらいものだからこそ、それを捉える工夫が必要とされます。そのための有効なやり方が、遠近法的なアプローチです。

遠くのアフリカの生活を調査する。そうすることで、日本の生活が対比的に浮かび上がります。「知り合いの知り合いは知り合い」の論理でできあがるナイロビの都市下層民の互助関係のありようを知ることで、私たちは日本の貧困が、経済的状況だけでなく人間同士の関係性の剝奪という内実を伴っていることを発見できるかもしれません。

また、現代日本で展開される人と人のミクロなコミュニケーションを、日常生活批判の観点からまるで異文化の出来事のように見直すならば、私たちが普段あまり意識せずにおこなっているさまざまな「人びとの方法」があらわになるでしょう。

こうした遠近法的なアプローチが、生活を書くエスノグラフィには求められます。**遠くのものを近づけ、近くのものを遠ざける。**アフリカの事例を日本の事例と接続して読むと同時に、日本の足元の事例をまるで異文化の出来事のように読む。そうした遠近法です。

## †まひるのほし

この章の冒頭にも記しましたが、生活を書く営みは、いわゆる暴露とはまったく異なるものであることを、もう一度確認しておきます。YouTube動画などでは、暴露や潜入動画も散見されるようですが、それらとは180度異なるのが、生活を書くエスノグラフィです。

生活については、**何も隠されていない**のです。ただ私たちがあまりにもそれらを見過ごしてきたのだと言えます。そこで書かれるのは、決して隠されたものではなくて、すでにあるものなのです。そのすでにあるものを丁寧に捉えることを、本書は推奨しているのです。

この点については、排除と差別の日常生活批判を展開する好井が「『まひるのほし』のかがやき」と述べたものとつながります。『まひるのほし』は佐藤真監督の撮影した障害者アートのドキュメンタリー映画の表題です。この映画と関連づけながら、好井はみずからの著作にこう記しています。

『まひるのほし』。それは、「まひる」のまばゆいばかりの圧倒的なちからをもつ「日の光」があるがゆえに、その「かがやき」は見えません。少なくとも「まひる」にいることを「あたりまえ」に思い、暮らしているひとびとには見えないのです。しかし「かがやいている」ことは確かです。「かがやいている」という事実に気づき、どのように「かがやいている」のだろうかときちんと見ようとするとき、その「かがやき」は「まひる」のなかにおいても、くっきりと見えてくるのです。

(『批判的エスノメソドロジーの語り』vii-viii頁)

どうでしょうか。エスノグラフィを書くという実践が、**暴露とはまったく異なる**ことを感じられるのではないでしょうか。

## †本章のまとめ

では、最後に、本章で書いてきたことを3点に整理しておきましょう。

- エスノグラフィは「生活を書く」ことをねらいとする。
- 生活を書くためには「劇的な事件」に目を奪われるのとは異なった眼力を必要とする。
- エスノグラフィは、俯瞰的に問題を解説するのではなく、「いま—ここ」の渦中で起こっていることとそれ自体を捉えようとする。

以上の3点を、エスノグラフィという手法に力点を置くかたちで前章のポイントとつなげるなら、次のような言明を主張することができそうです。

エスノグラフィは、経験科学の中でもフィールド科学に収まるものであり、なかでも①**不可量のもの**に注目し記述するアプローチである。不可量のものの記述とは、具体的には②**生活を書く**ことによって進められる。

次章ではさらに、エスノグラフィの特徴について理解を深めていきます。エスノグラフィが「生活を書く」ことであるとして、そこで記される生活とはつねに「時間」的な展開を備えるものである点についてです。

生活は固定してはいません。つねに動いているものです。この動きを念頭に、次章では、エスノグラフィと時間という論点に踏み込んでいきましょう。

## コラム3　遊びとしての公的空間での眠り

エスノグラフィは、他者の生活する世界を調べます。では「他者の生活する世界」とは、いったいどこにあるのでしょうか。

今日では、リアル空間だけでなくVR（バーチャル・リアリティ）空間もまたそれに当たると言えます。この卒論はVR空間での相互行為をめぐるエスノグラフィです。

著者はVRChatを日常的に利用していました。VR空間での人間関係をエスノグラフィで調査したい、という意思をもっていた学生でした（日本大学文理学部社会学科では3年次からゼミに所属します。2年次にゼミ募集がおこなわれますが、その募集の段階で、彼は私にその意思を語りました）。

VR？　メタバース？　これまで外国で調査をして卒論を書いたケースはあり

ましたが（台湾の草の根ソフトボールを調査するために台湾まで調査に行った学生がいました）、ＶＲ空間のエスノグラフィで卒論指導をするのははじめてでした。

著者は、ＶＲ空間の特徴を私にいろいろと教えてくれましたが、私にはひとつの疑問がありました。ＶＲ空間では、互いにふれることはできない、という疑問です。そこは視覚が突出して優位になった空間であり、ふれたり嗅いだりすることはできないだろう、という私見でした。

これに対して著者は、ＶＲ空間でも、アバター同士がふれ合っていると言います。頭を撫でたり、さらにはふれ合う距離感で一緒に（ＶＲ空間上で）寝ていると言うのです。

それはどういうことなのか。この私の疑問を引き受けるかたちでこの卒論は書き上げられました。

著者は「ふれ合い」と「知り合い」の腑分けを、卒論の出だしで論じます。

私たちにとって「ふれる」行為というものは単に「知る」という行為よりも深い経験であり、そうした「ふれる」を行う対象となる他者は基本的に親しみを覚える相手となるはずである。

こう論じたうえで、「しかし」と続けて、問いをこのように展開します。

しかし、VRChatの中では実際に「知り合い」以下の他人と、共に同じベッドで寝たり抱き合って寝たりなど、「ふれる」行為を行っているように見える。こうした状況はなぜ引き起こるのだろうか。

この問いに対して、VR空間ではリアルな空間ではないから関係が容易に深まると考えてしまうと、それは浅はかな見解でしょう。その世界にはその世界の掟なり秩序がある――これはエスノグラフィの基本的なものの捉え方ですが、同じことはVR空間のエスノグラフィにも当てはまります。
著者は半年以上にわたり、VR空間上でエスノグラフィ調査を進めました。なかでも、VR空間で見知らぬ人と共に「ふれ合い」ながら眠るというVR睡眠の実践をめぐって、それがいかにしておこなわれているのかを仔細に記録しました。著者は、参与観察で出会ったLさんによる次の語りを引用します。

わたしは自分が寝たいっていうよりは、相手がいない人のために寝てるっていうか。

また雑魚寝《ざこね》の形式が取られることもあります。5人くらいで「V睡」するというGさんは、こう語っています。

5人くらいでV睡するという流れで、なんか自分一人がいるのといないのとで違う。やっぱりいるとね、なんかちょっと連帯感っていうかを感じる。

VR空間ではあっても「V睡」を含めた「時間を共にしている」という感覚が現実感を作り出す。たしかにその人は「いる」のです。VR空間であっても「ふれ合い」は可能になっている。あなたがいる、という現実感は、リアルな対面空間でもメタバースの空間でも、実は大差ないのかもしれません。

ふれるということは、必ずしもフィジカルな接触に限定されるものではなく、ソーシャルでエモーショナルなつながりにおいても発生するものなのかもしれない。私はこの卒論を読んでそのように考えました。

著者は、哲学者・坂部恵の著作を愛読していました。「ふれる」ことが両義性を伴う（ふれることはふれられることでもある）のに対し、「さわる」ことが一方的な行為であることなども、著者は私に力説してくれました。力説する著者の仕草が、いまでも思い起こされます。

（2023年度日本大学卒業論文）

# 第4章

# 時間に参与する

前章では、エスノグラフィが生活を書く実践であることを捉えました。生活とは決して何も起こらない退屈なものなどではなく、そこにさまざまなダイナミズムを見て取れることを記してきました。

ところで、生活とは人びとが時間をかけて創り出すものです。本章では、この「時間」という側面に光を当てます。生活が時間と共につくられ、変化していくのだとすると、エスノグラフィもまた、こうした時間を視野に入れる必要が出てきます。

本章のポイントはこうです――エスノグラフィの調査研究では、フィールドの人びとと**同じ時間を過ごす**必要がある。同じ空間にいるだけではダメで、同じ時間を過ごすことが必要である、ということです。

では、ここでいう「同じ時間」とは何でしょうか。この点に踏み込んで考察を進めます。

本章は、大きく二部構成となります。

最初に、前章で取り上げた生活という概念の説明の続きを、生活論という考え方を紹介しながらおこないます。その次に、主に私のフィールド体験をもとに、時間に参与するというのが、どういうことなのかを論じます。

### †生活論

人間は生活の場でさまざまな工夫をして生きています。「身内」の拡張論理を使いこなして生きるナイロビの都市下層民たちの姿は、まさにそうでしょう。その工夫は、個人レベルだけでなく集合的なレベルで展開されます。厳しい都市生活を生き延びるために、人びとがそれとなく時間をかけて創り出した営みです。

だから、**生活には創始者がいません**。もっと言えば、みんなが創始者だと言えます。田植えで歌う労作唄《ろうさくうた》のようなものです。単調な農作業にリズムを与えて、気分よくこなすために労作唄は歌われる。労作唄には特定の作者がいないことがほとんどです。みんなが歌い継いできたからであり（その過程で若干の変化もしているはずです）、みんなが作者なのです。

人間の生活から生まれるものは、基本的に合作なのであって、そこに唯一の作者や創始者を探すことは難しい。このように生活は、集合性を前提にしていて、時間的な累積も組み込まれているのです。

日本の社会学には、こうした生活を捉える方法論として、**生活論という潮流**があります。

生活には集合性があり、時間的累積も組み込まれている

前章までに登場した有賀喜左衛門、中野卓、松田素二といった研究者たちは、この潮流に属する人びとです。

生活論とは何かを説明しようと思えば、本一冊分の紙幅を要するので、ここではそのエッセンスにだけ触れておきましょう。それは、**人びとの生活を中核に据えて**社会学の分析の論理を組み立てる、ということです。

例をあげてみましょう。

みなさんは、棚田をご存じでしょうか。山あいの集落によく見られるもので、元々、斜面だった土地を均《なら》すことで、段々状に作られた水田のことを言います。

日本にたくさんありますが、私の調査地であるフィリピンにも存在します。春から夏にかけて水入れのなされた棚田はとても美しいので、インスタグラムなどでも、その写真がたくさんあがっています。棚田ツアーといって、そのきれいな景観を見たいという旅行客が訪れることもあるようです。

棚田は、今では、このように風景として捉えられるようになっています。しかし、私は生活論を教わってきたので、それを風景としてではなく生活として捉える見方がしっくりきます。

どういうことかというと、山あいの条件の悪い土地であっても、人びとは開墾して生活を切り拓いてきたという人びとの歴史を、そこに感じ取るという方法です。

感じ取るのは、歴史だけではありません。現在もその水田がきれいに使われているということは、いま生活している人びとの生活実践がそこに凝縮して表れているとも言えるでしょう。

棚田は、そこに生きてきた人びとの生活と一体に存在しています。それを風景として捉えてしまうと、その生活実践を捨象してしまうのです。かわりに、まるで展覧物のように扱われる棚田が、インスタグラムで写し取られることになってしまいます。

## ✝生活を読み取る

生活論というのは、棚田にしても、あるいは前章で紹介したナイロビの都市下層民の互助組織にしても、それらが人びとの**生活の必要性から創出されてきた点**を注視する方法論です。

日々の生活が、モノや組織という形をとって表れている。生活論は、家や土地や人間関係や組織に、人びとの生活を見て取る方法論なのです。

この点について、有賀による一文を引いておきましょう。有賀は、菅江真澄《すがえますみ》という紀行家について寄せた文章を書いています。その文章は、生活論のものの考え方を簡明に表しています。

（真澄に比べて）西行や芭蕉にとって土民の生活は山や川と同じようにその感懐を吐露する寄託となったばかりである。だから感懐そのものも彼らが都において創り上げたものをもっと鋭くしたというに止まるだけで、それは土民にとっては星よりもなお没交渉な存在にすぎなかった。

（「真澄遊覧記信濃の部の刊行に際して」『社会史の諸問題』420頁）

有賀は、東北を歩いた真澄の紀行文の優れている点を、先行する西行や松尾芭蕉と比較しながら説いています。

西行や芭蕉が「山や川と同じように」しか、人びとの生活をみなかったと、有賀は批判します。人びとの生活に感懐を寄託することはあっても、それは「彼らが都において創り上げたもの」にすぎなかったと喝破します【↓この点は第2章で「フィールドに学ぶ」ことの重要性を指摘した箇所とも関係します】。

真澄が優れていたのは「見知らぬ山川を訪ねるときでも、それに因縁づけられた土民の生活を思わぬことはなかった」点です。山や川を環境としてみるだけではない。その**環境と関係を取り結んで生きる人間の生活**こそが、真澄においては捉えられていたと言うのです。

そして有賀は、こうまとめます。

> 同じ田植を見ても真澄と芭蕉の差違はこの点で明らかである。　（同前、４２１頁）

この指摘は今日に生きる私たちにも、重大な忠告を含んでいます。

田植えに勤しむ農民の姿を、きれいな棚田と共に、ＳＤＧｓの広告ポスターに使用するという例を想定してみましょう。それは農民を、人ではなく事物とみなす認識でもあるでしょう。そして、先の有賀の引用文で言えば、「都において創り上げた」という「感懐を吐露する寄託」として農民をまなざすことでもあるでしょう。農民はオブジェではありません。このような見方は、人びとの生活をみるという生活論の発想とは相容れないものな

棚田は生活と一体に存在している

のです。

そこに**膨大な人間の生活実践を読み取る**のが、生活論の態度です。

重要なのは、経済的条件などに、そうした生活の場の成り立ちを還元しない点です。経済的条件に還元するとは、たとえば棚田にしても、条件の悪い土地に住まざるをえなかった人が、仕方なしに経済的事情によって、そこに田を切り拓かざるを得なかった、と捉えるような視座です。条件に受動的な人びとの姿が浮かび上がってしまいます。そうではなく生活論の発想というのは、そこで生きてきた人びとの能動的な生活実践の累積を強調するのです。

経済的条件は人びとの生活を枠づけます。でもその枠が、すべての細部を決定づけているわけではありません。

**私たちはマリオネットではない**。経済的条件がありながらも、そこで人びとがどのように生きようとしたのか。そこに注目するのが生活論です。

## †生活環境主義

こうした生活論の発想をフィールド科学の方法論にまで高めたのが、社会学者の鳥越皓之でした。鳥越は、松田素二らと共に、琵琶湖畔の村落調査をおこないながら、環境問題をめぐる社会学的考察を展開します。そして「生活環境主義」という立場を作り上げました。

生活環境主義とは、**人びとの生活の立場に立って社会問題を考察する立場**です。こうまとめると「すべての学問は人びとの生活の立場に立っているではないか」という反論が出てきそうです。ここでは鳥越たちのいう意味での「生活の立場に立つ」というのがどういうことか、確認しておきましょう。

具体例をあげてみます。ある湖畔の村に、低湿地帯とそこを流れる小川がありました。大雨が降ると、その小川が氾濫します。このときいかなる対処法が考えられるでしょうか。よく考えられるのはふたつです。ひとつは低湿地帯を埋めたり、小川を三面コンクリートばりにするといったやり方です。もうひとつは、湿地帯に見られるアシの群生を守り、小川のコンクリート化による生態系の破壊を拒否することに重点を置いて、別の対策を考えるというものです。生活環境主義の研究者たちは、前者を「近代技術主義」、後者を「自然環境主義」と呼びました。

どちらでもないのが、生活環境主義です。それは生活の必要に応じて、自然環境を「破壊」することを肯定する論理です。

だから、コンクリート張りに改変することを否定しません。しかし「近代技術主義」とも対立します。なぜなら、技術や国家制度を扱うテクノクラートの発想においては、人びとの生活よりも官僚制の論理が優先されるからです。正しい知識は、国家が独占していて、生活の知識は無効化されてしまいます。

よって村の小川の例で言えば、小川の川底はそのままで、両側面だけをコンクリート化するといったやり方が、生活の場では取られたりするのです。生活を守るというと、近代技術を拒否する立場を想定しがちですが、そうではありません。

生活を守るためには、技術は取り入れるし（だからそれは、よく誤解されますが、古い生活を見習おうと主張する懐古主義や生活保守主義とはまったく異なります）、自然環境の「破壊」もおこなわれます。でもその技術の入れ方の工夫については、**国家や制度の効率性よりも生活の場の論理が優先される。**そういった立場です。

## †「森林保護」による生活破壊

環境問題については、熱帯雨林地帯の木材の過伐採、世界各地における急激な砂漠化、地球温暖化、原子力発電所の問題など、さまざまなものがあります。こうした地球規模の問題を考える際にも、生活環境主義の研究者は人びとの生活の立場から考えます。

つまり、熱帯雨林地方の問題についてであれば、森の中に生活する人びとの立場から発言をはじめるのです。これは、実はたいへん**ラディカルな立場**とも言えます。

こうしたアプローチでは、地球規模の問題を考えるには局所的すぎる、という反論も登場することでしょう。局所的というのは、社会学では「ミクロ」と言われることが多いです。つまり、生活の立場から考えるというと、それはあまりにもミクロな視座で、地球規模のもっと大きな「マクロ」の問題が見えないという主張です。

その主張はたしかに一面を言い当てているかもしれませんが、しかし地球規模という巨視的なスケールに立ってしまうと、それは**生活を置き去りにした「自然環境主義」**や**「近代技術主義」**にもなってしまいかねません。

たとえば松田素二は、グローバルな正義となった「森林保護」という理念が、ケニアの森の住人を、森の外へと追いやることになった過程を克明に記しています（『日常人類学宣言！』）。

松田の調査したマラゴリ村では、人びとは、森を生活の場としていました。しかしながらイギリスによる植民地支配を経て、森は国有化されます。その結果、森と共に暮らしてきた住人は「不法占拠者」とされてしまいます。

さらには、住人にとって未曽有の経験であった「植林」というものが誕生します。住人たちは森と節度をもって接してきたので、自然の植生のサイクルに合わせて、炭焼きや家の建設に木を利用してきました。植民地政府は、商業伐採を始めたため、森は過伐採されていき、その過程で「植林」が実行されるようになったのです。

植林に使われたのは、ユーカリ、マツ、スギなどでした。短期間で巨大に育つからです。また、植民地政府は「ゾーニング」の発想で、森を管理しようとしました。森林保護の名目上、森林地帯を立ち入り禁止にして、原生自然を保護しようとしたのです。

しかしながら、森林は元々、村人の生活の場でもありました。人と森が、一緒にあることで、その森は保全されてきたわけです。ゾーニングは、こうした人の手が加わることで保たれてきた**自然のありようを解体**するものでした。

1990年には、この地域でスギの害虫が大量発生し、大被害が生じます。そうすると、被害地域でのみ伐採が進められることになりました。ですが、その伐採も、政治家とつながった業者に伐採の許可証が発行され、地元の業者は締め出されてしまいます。

政治家とつるんだ業者は、傷んだ木だけでなく、丈夫な木まで切り倒し売り出し始めました。その結果、森に住んできたヒョウは住む場所を追われて、民家を襲撃するようにもなります。

森ともっとも深い関係を保ち、それと共に生活してきた森の住人たちは、植民地支配、商業伐採、ゾーニングという管理などを通じて、**森の利用から歴史的に排除されてきた**のです。

そしてスギの乱伐採が村外の業者によって始められた際には、森の住人たちも非公式に伐採を展開しました。それには、森の豊かさが、外部の人間に富として奪われることに反対する意味もあったのでしょう。森と共生してきた住人が、森の過伐採に加わるような事態となったのです。

こうして荒れていった森に対して、政府は「住民参加」型の森林保護政策を開始します。さまざまなアクターが協働して森林保護を進めるというなかで、伝統的に森で暮らしてきた森の民もそこに加わる可能性が出てきたのです。

しかしながら、森の住人たちは、「住民参加」に加わることを断固として拒否しました。なぜなら「住民参加」という口当たりの良い施策も、結局は、植民地支配以降、歴史的に進められてきた住人排除の森林利用の流れに位置づけられるものだからです。

この松田の論文からわかるのは、「自然を守る」ために破壊される生活というものがある点です。今日では「自然を守る」と言うと、無条件に善いおこないであるように考えられることも多いでしょう。しかしながら、森の住人にとって、森林局やNGOによる植林をはじめとした「自然を守る」活動は、それ自体が歴史的に作られてきた排除と支配の一端を担うものと捉えられました。だから村人は、外部の大多数の人びとが素晴らしいことと考える植林を拒否し続けてきたのでした。

生活環境主義は、過伐採という環境問題についても、マクロな地球規模で考えるのではなく、森の中で暮らしてきた**人びとのミクロな歴史と生活から**考えるのです。「近代技術主義」とも「自然環境主義」とも異なったそのアプローチは、第2章で確認したように「フィールドに学ぶ」哲学を前提にするものです。

## †時間へ

ここまで、生活をめぐる社会学の考察を紹介してきました。

生活は合作だ、と本章の冒頭に書きました。有賀喜左衞門は「庶民生活の創造性」を探究した社会学者であると評されることがありますが、ここで「庶民」とあるのが重要です。固有名のある人ではなく、「庶民」という無数の人びとが関わる中で、生活は形作られているのです。演奏の比喩で言えば、**ソロではなくアンサンブル**なのです。

この「合作」という論点は、日本の生活論の研究はもちろんのこと、シカゴ学派にも、マリノフスキにも共通に見出せるものです。ギャングの生活もパプアニューギニアの先住民の生活も、すべて合作でできあがっている。

そしてこの合作は、同時代の人びとだけでなく、歴史的にもつながっています。ヨコ（同時代でのつながり：「共時的」なつながりと言います）だけでなく、タテ（過去の人びととのつながり：「通時的」なつながりとも言います）の関係がそこには介在しています。

そしてこの**タテ＝通時的な合作の模様を考える**ことが、生活を書くうえで重要になります。つまり、生活が継承されたり、再生産されていくものであるとすれば、エスノグラフィの調査研究をする者は、生活の時間的側面に切り込む必要が出てきます。

ここからは、話題を「時間」に移しましょう。

## †ボクサーの「典型的な一日」

生活は、時間的な周期性やリズムを伴います。このことは、たとえば大震災が起きたあとに、「生活再建」が課題となるという点からもわかるでしょう。大震災により緊急事態となるならば、生活の時間的な周期性とリズムが崩壊します。仕事に行ったり、学校で学んだりといった生活の動きの型が壊れるのです。生活再建とは、こうした一定の時間的な周期性やリズムを備えた生活の再建を意味する言葉でしょう。

生活がこのように時間的な周期性やリズムに深く関わるとするならば、生活を書くエスノグラフィもまた、その**時間的側面に注目する**必要があります。

たとえば私の調査対象であるマニラのボクサーの生活を考えてみましょう。彼らの生活の中心は、ジムでの練習時間です。それを基点に、一日のタイムテーブルが構成されています。

朝5時半に起床して、6時からロードワーク（ジョギング）、8時半くらいには朝食を取って、その後は午後まで自由時間（洗濯などをします）。13時からジムで練習。練習後は再び自由時間で、19時から夕食（ボクサーは一日2食です）。22時には就寝、という流れです。

練習については、月水金はスパーリングが入ります。試合予定があってもなくても、週に3日間、すべてのボクサーがスパーリングをするというのは、とてもタフな練習メニューです。日本のボクサーは、試合前でなければ、これほどのスパーリングの数をこなしません。フィリピンでは、たくさんスパーリングをさせることで、実践形式でボクサーを育成していく傾向が強いです。

こうした日々が、月曜日から土曜日まで続きます。日曜日は休息日ですが、午後にマネージャーと一緒に教会に全員で行くことが慣例になっています（カトリック教徒ではないボクサーもいるので、彼らは教会の外で待っています）。

日々の時間的テンプレートは、人類学者のオスカー・ルイス（1914〜70）が**「典型的な一日」を単位に異文化を書く**ことの重要性を指摘したことと関連します。ルイスは『貧困の文化』をはじめ、メキシコやキューバに生きる「普通の人びと」の生活を記してきました。

彼の手法は、家族の典型的な一日の描写を通じて、エスノグラフィを書くというものです。たとえば『貧困の文化』だと、メキシコの5つの家族の一日が記されています。ルイスはこれらの家族を訪ね、共に時間を過ごしながら、生活のディテールをノートに速記していきます。その記録をもとに「典型的な一日」を再構成しました。

研究単位として一日を選んだのは、小説家と共通の発想からであったが、人類学者にそれが用いられたことはほとんどなく、ましてや開拓されたことは一度もない。実は、この方法は文学のみならず科学にとっても多くの利点を有し、人類学の科学的な面と人文学的な面を結合する上で優れた手段である。一般的にいって、一日が家族生活を秩序立てる。

（『貧困の文化』22頁）

私は、ルイスがメキシコでおこなった調査と同じように、**ボクサーの日々の時間**に参与させてもらいました。ボクシングジムで寝食を共にし（ボクサーの居住部屋の一つに暮らしました。そこは二段ベッドがふたつある四人部屋で、そのうちひとつの下段ベッドが私の居住空間でした）、週末に遊びで外出する際は、ボクサーと一緒に出かけました。

こっそりと夜中にナイトクラブに行くボクサーに同行したり、好きになった女性とデートするからお前も付いてきてくれと言われて一緒に行ったりしました（女性はすっぽかしました）。

## †時間的単位を知る

長期間にわたりエスノグラフィ調査をしていて気づくのは、そこに生きる人びとにとって**有意味な「時間的単位」がある**ということです。ボクサーの事例では上述の「一日」というのが、まずそれに該当します。

次に「一週間」というそれがあります。月水金は練習にスパーリングが組み込まれること、土曜は体力トレーニングだけをすること、日曜は休日でゆっくり寝られること、などです。

さらに調査を進めると、もっと別の時間的単位があることに気づきます。**「試合と試合のサイクル」**です。

ボクサーは試合をしなければボクサーではありません。試合日程が決まると、減量がはじまります。外出することもなくなり、自由時間もジムで静かに過ごすようになります。性欲は自制され、試合2週間前からはマスターベーションもおこなわなくなります。こうして食欲と性欲をコントロールし、社交の時間もなくなる。試合だけに集中するのです。

試合が終わると、1週間ほどのオフになります。ファイトマネーを手にするので、故郷に里帰りをする者もいます。オフを終えるとジムに戻って、通常の練習を再開します。そして次の試合が決まるまで練習を継続し、試合が決まればまた減量に入っていく。そういったサイクルです。

かれらの展望としては、有名ボクサーになるための階段を駆け上るというものがあります。デビューしたてのボクサーは4ラウンドの試合に出場します（「4ラウンダー」と呼びます）。そのレベルで3勝ほどすると、6ラウンドの試合（「6ラウンダー」）。さらに3勝ほどすると8ラウンドに、その上でまた3勝ほどすると10ラウンドの試合に出場します。「10ラウンダー」が最上級ですが、東洋太平洋タイトルのようなタイトル戦になるとその試合は12ラウンドで組まれます。10ラウンダーになるまでには、10勝以上ほどの戦績が必要なのであり、フィリピンの場合、往々にして4～5年くらいかかります。

このようにボクサーには、一日、一週間、そして試合と試合のサイクル、というかれらにとって有意味な時間的単位があります。さらにキャリアとしては、4ラウンダーから10ラウンダーになるまでの5年程度の時間が、かれらの視野には入っています。

時間的単位は、ジムにいるボクサーならば、誰もが知っていることです。でもボクシングを知らない外部者には、この時間的単位がわかりません。かれらがどういった時間の流れを生きていて、その流れをどのように固有に分節化しているのか。その**分節化のありよう**を知ることで、少しだけボクサーの生活感覚に迫ることができるでしょう。

## †周期性とリズム

毎日がまったく別の形で過ごされたり、一週間がとにかくランダムな出来事で埋め尽くされたりしていたら、そこに生活を読み取ることは難しいでしょう。**一定の生活の型があるから**こそ、私たちは具体的な未来を描くことが可能になります。

あるとき、私はジムの部屋で、他のボクサーのベッドに横たわったことがありました。たしかそこに雑誌か何かが落ちていて、それを勝手に借りて読もうと思って、寝転がったように記憶しています。

横になると、ベッド脇の壁に落書きがされていることに気づきました。それはサインの練習でした。床から15センチほどの位置に書かれたサインです。寝ころばないと見えない位置にあるので、誰もそれには気づきません。ベッドを使っているまだ若い10代の少年が、寝る前に、将来、自分の名前をサインする機会が到来することを夢見て書いたのでしょう。名前を斜体にして、一筆書きで書かれたものでした。

ジムに入門するということは、有名になれるかもしれない、という夢を見ることです。夢が実現するかどうかはあまり重要ではありません。それがとても難しいことを、彼ら自身が一番わかっているからです。

でも彼らは、夢への階段の途上にいることを有意味に語ります。**夢を描くことが可能になる日々**に身を置いていることが、彼らにとっては重要です。私はそのサインを見ながら、この点を実感しました。

ジム生活が与えてくれる時間の流れに身を置くことは、彼らにとってとても重要な経験です。引退後のあるボクサーの語りを紹介します。

> 引退後のスクオッターでの生活。忙しくなんかない、暇だよ。なにせ、時間はたっぷりあるんだ。でも、それは無意味な時間さ。することがなくて、ただ無益な時間だけが流れてる。ボクサーだった頃は、忙しくて外出もできなかった……でも、充実した時間だった。やることが、あるっていうのは良いもんだ。この辺に住んでいる人間を見てみろよ、毎日のルーティンワークがなくなった人間は、もっとも悲惨さ。
>
> (Ishioka 2012: 153)

この語りは、元ボクサーのジェラルドによるものです。ジェラルドは、ボクシングが大好きでした。でも大多数がそうであるように、彼もまた、残念ながらボクサーとしての才能には限界がありました。そして引退を余儀なくされたのです。

### †時間をめぐる困難

ジェラルドの語りが示しているのは、ボクシングジムが提供してくれる時間的秩序を、スラムにおいては見出すことができないことについてです。

もちろん、スラム生活がすべて時間的には無秩序であるというわけではなく、そこにおいてもまた、彩りのある生活実践が展開されています。ですが、この引退ボクサーにとっては、職探しが難航し、彼にとっては無為な日々が果てしなく続くことが苦痛でした。「仕事がない＝することがない」という状況を生きていた彼にとっては、テンプレートに沿って生きていたボクシングジムの時間が、あらためて有意味なものとして再発見されていったのです。

ジェラルドの語りは、貧困や失業についての私の思索を深めさせる契機となりました。

貧困とは何か、失業とは何か。さまざまな定義ができますが、私は**時間的予見の剝奪**がそのポイントだと考えるようになりました。

仕事や練習など、毎日のルーティンがあれば、人は時間的予見を手にすることができます。ボクサーであれば、一日に何が起こって、一週間がどのような進行をたどり、その先にはどんなボクサーとしてのキャリアの展望が見えてくるのか。あるいは大学に通う学生であれば、今日の授業はどうなっていて、一週間の時間割はいかなる構成で、そして何年経ったら卒業するという展望がある。つまり、規則的な労働や活動に従事するということは、時間的予見を手にすることでもあるのです。

しかし失業するとどうでしょうか。お金がなくなるだけでなく、この時間的予見が剝奪されます。

失業や貧困とはお金をめぐる困難であると同時に、**時間をめぐる困難**でもあります。ジェラルドの語りに示唆的なように、私はボクシングという活動を調査することを通じて、それとの対比としてスラム生活のひとつの特徴としての時間的予見の剝奪という論点を考えるようになりました。

## †生が「生活」になるとき

こうしたフィールドで遭遇する語りは、たいへん具体的です。**足元に広がる言葉**とも言える。そしてそんな足元の言葉を丁寧に注視していくことで、そこに社会理論の言葉を接続することも可能になっていきます。

たとえば、ブルデューは、アルジェリア戦争後に一気に資本主義化が進んだアルジェリア社会を観察する中で、次のような一文を書きました。

> 生活が営まれる時間と空間の枠組みの体系は、規則的な労働が与える準拠点がなくては、つくることはできない。
>
> （『資本主義のハビトゥス』118頁）

この一文で重要なのは、「規則的な労働」、とりわけ「規則的な」という箇所です。規則的な労働や活動に参与することは、日常的にそうした活動に関わっている者からすれば煩《わずら》わしいものでもあるでしょう。

何より私自身がそうです。毎日、仕事に追われて、週末にも別の用事がカレンダーを埋め尽くしている。ああ、時間が欲しい、自由が欲しい。この感覚が、私の日常をも貫いています。

それは縛りのようなものです。でも**煩わしい縛りがあるからこそ、私の生活はうまく構造化されている**とも言えます。

毎日や毎月のリズムが生まれて、そして月収を得ることで、1カ月やあるいは長期の展望を持って、家計をやりくりできる。規則的な労働や活動があるということは、生活のリズムをつくりだし、さらには時間的予見を手にすることの前提でもあるのです。

規則的な労働や活動に従事しているとそこから脱出したくなります。しかしだからといって、それらから完全に脱してしまうと、今度はその日々に耐えられなくなる。

ここには生活の時間的側面の特性が、よく表れています。ただ時間が流れるだけではなくて、そこに**時間的秩序が備わることで、はじめて生が「生活」になる**という点です。

ジェラルドの語りは、ジム生活が「生活」であることの所以としての時間的テンプレートに言及したものでした。こうした生活に不可欠の時間的側面は、第2章で確認した「不可量」のものの最たるものでしょう。

## †共に活動すること

ではどのようにしてエスノグラファーは、人びとの生活の時間的側面を把握するのでしょうか。

これについては、エスノグラファーは人びとと共に時間を過ごすことによって、と答えるしかありません。村の調査をするのであれば村で共に時間を過ごすことが、都市の盛り場の調査をするのであれば盛り場で共に時間を過ごすことが不可欠です。

それは**昼も夜も知る**ということでもあります。

村の調査であれば、昼におこなわれることが多いでしょう。農作業、作物の出荷など、そうした営みを取材することになります。でも、夜を知ることも重要です。ご飯を食べたり日本酒を飲んだり、あるいは地域の会合に出席したりといった夜の様子もまた、村の調査においては把握すべき重要な事項です。

逆に、盛り場の調査は夜におこなわれがちです。人通りも多く、店もオープンしている。でも、盛り場の昼を知ることも重要です。昼の時間に、店のオーナーは銀行との取引の話をまとめたり、夜に一緒にいられない子どもとのふれ合いの時間を確保していたりします。

こうして昼も夜も過ごすことで、「典型的な一日」が浮かび上がってくるのです。
共に時間を過ごすというのは、繰り返しフィールドに通うことによって可能になります。

**行くのではありません。通うのです。**

私の指導学生の多くは、卒業論文をエスノグラフィで書く学生が多いですが、かれらもフィールドに通います。東京におけるインドカレー屋さんのネットワーク、手話サークルの活動、高級レストランの厨房、さらにはメタバース上での人間関係をエスノグラフィで書くという学生も出てきています【↓コラム3】。

私が学生たちによく話すのは、**フィールドで何らかの役割を得ること、**そのうえで活動を共にすることです。共に時間を過ごすためには、活動の外に立った純然たる観察者にならないことが重要です。

手話サークルの事例で言えば、学生は手話を学びたいという「手話学習者」という位置でフィールドに通っていました。実際、彼は熱心に手話を学び、サークルでの集まりが終わったあとの飲み会などにも参加していました。

彼は手話を学びはじめたばかりでしたが、ただ単に、卒論のために手話サークルの運営形態などを聞くような調査をしませんでした。そうしたやり方が、サークル内のみなさんに好意的に評価されて、詳細なフィールドデータをもとに充実した卒論を書き上げました【↓コラム4】。

### †私の失敗談

こうした**活動を共にするという基本精神**は、私自身の失敗に基づいたものでした。

私はマニラのボクシングジムの調査を開始したばかりの頃、ボクサーの練習時間に必死にフィールドノートを取っていました。何時何分に練習が開始され、ボクサーは何人いて、あるボクサーはシャドウボクシングを、別のボクサーはストレッチを、また別のボクサーはトレーナーと練習メニューの打ち合わせをしていることなどを細かくノートに記載しようとしていたのです。

結論から言えば、こうした**初期の観察記録は、すべて無駄でした。**「13時2分　Aがウォーミングアップを始める。その横で、BがトレーナーのCと話をしている」「13時5分　Bもウォーミングアップを始める。トレーナーのCが、今度はボクサーDと話をしている」こんな記録はいっさい役に立たなかったのです。

私はジムの一角で椅子に座って、フィールドノートを取っていました。つまりボクサーと同じ空間にはいたわけです。しかし時間は共に過ごしていませんでした。私は活動の外にいました。その外の位置から記録を取ろうとしても、全然ピント外れのことしか記せなかったわけです。

この点はグアテマラの農村で調査をおこなった中田英樹が、次のように書いたことと同じでした。

「そこにいること」は、「そこにいる者」と同じ経験を共有していることの担保とはならない。

（『トウモロコシの先住民とコーヒーの国民』290頁）

これではダメだと感じた私は、みずから**練習に参加させてもらうやり方**を選びました。マニラのボクシングジムには、入門まもない初心者ボクサーが一定数います。だから私も彼らと同じようにボクシングを学びました。

フットワーク、左のジャブ、右のストレート、左のフック、ウィービング、サンドバッグ打ち、ミット打ち、スピードボール、縄跳び。練習を積み重ねてからはスパーリングを開始して、ヘッドギアとマウスピースをつけて2ラウンドから3ラウンドの実践練習。それらをすべておこなったのです。

このように自分も練習に加わることで、つまり活動を共にすることで、ボクシングの**練習のさまざまな意味**を知ることになりました。3分1ラウンドで動きつづけ、その後30秒のタイムアウト、そして次のラウンド。フィリピンの別のジムでは、練習を4分1ラウンドでおこなうと耳にしたことがありますが、3分と4分のあいだのとんでもない感覚の違いなどは、共に活動をしないと見えてこないことです。

さらに、**練習器具の配置**についても、その意味がよくわかるようになります。次頁のイラストを見てください。

ふたりのボクサーが柱に備え付けられたバッグを打っています。練習時間の外にいて、フィールドノートを書こうとしても、このバッグの配置がなぜこうなっているのかがわかりません。

どういうことか説明しましょう。

左側のボクサー（オーソドックス）はベテランボクサーです。右側（サウスポー）はまだ経験が浅いです。このふたりが隣り合ってバッグを打っています。それぞれは、それぞれのリズムでバッグを打っているので、ふたりの間で指導のようなおこないがなされている

模倣の連鎖が生まれる

わけではありません。

でも、バッグをこのように並べて配置することで、間接的な模倣が発生しやすくなります。ベテランボクサーがバッグを打つたびに、パンチの束ね方（1発1発ではなく、まとめて3〜4発打つこと）やリズムのあり方（ドーン、ドーン、ドーンと強弱打つのではなく、パ・パ・パーンといったように、最初に軽く当てておいてその後強めのストレートやフックを返す様子など）を経験の浅いボクサーは学ぶことになります。

ふたりは各自の練習をしているのですが、しかしそこには**模倣の連鎖が生まれる仕組み**が作られているわけです。道具の配置がボクサーの身体の近接性を作り出し、その近接性が相互模倣と間接的なインストラクションの展開へとつながっていくのです。

こうしたディテールは、私もまた、ボクサーと同じ時間を過ごすことによって、はじめてわかるものです。空間的に共在していても、時間の外にいては、意味を感覚することが難しい。

ここから導かれる論点は、エスノグラフィの調査研究においては、**調査者も動かなければならない**ということです。止まって観察するのではなく、自分も人びとの活動の輪に入って動きながら観察をしていく【「はじめに」で引用したマリノフスキの一節をこの点と絡めてもう一度読んでみてください➡「はじめに」13頁】。

これが「**参与観察**（participant observation）」です。エスノグラフィとは、このように同じ時間を過ごすなかで、ありふれた生活を記していく方法だと言えるでしょう。

### †本章のまとめ

本章の要点をまとめておきましょう。

- エスノグラフィは、フィールドの人びとと「同じ時間」を過ごすことが基本になる。
- 「同じ時間」を過ごすためには、調査者は人びとと活動を共にすることが求められる。
- 生が「生活」になるためには、時間的な周期性やリズムが備わっている必要がある。エスノグラフィはそうした時間的秩序に特に注目する。

そのうえで、前章までにまとめていた手法上でのポイントと接続するなら、次のように整理できそうです。

エスノグラフィは、経験科学の中でもフィールド科学に収まるものであり、なかでも①**不可量のもの**に注目し記述するアプローチである。不可量のものの記述とは、具体的には②**生活を書く**ことによって進められる。そして生活を書くために調査者は、フィールドで流れている③**時間に参与する**ことが必要になる。

ここまでの章で登場したキーワードを太字にしてみました。ここまでの記述を通して、だんだん、これらのキーワードがつながってきたのではないでしょうか。

本章までは、フィールドで調査することについて記してきました。

次章では、フィールドから帰って、報告書や論文を書く過程を紹介していきましょう。文献を「読む」こと、そこで読んだ内容をフィールド調査の内容と接続する手つきについて、次章では考えます。

## コラム4　手話サークルから見るろうコミュニティとコロナウイルス

都内で定期的に開催されている手話サークルのエスノグラフィです。著者は、大学3年生のときに（2年次には新型コロナの影響で栃木の実家に戻っていました）、都内の書店でアルバイトをはじめました。そこで、ひとりのろう者と会い、メモを書いて接客をしたことがきっかけになって、手話を学びはじめます。

新型コロナの感染拡大は、著者の大学生活に大きな影響を与えました。それは手話の学習にも影響を与えました。著者にとって、表情の見えづらいマスク越しに手話を習うことはとても困難でした。

手話サークルには、67名のメンバーがいました。ろう者もそうでない人も所属しています。著者は、毎週火曜日の19時から20時におこなわれる集まりに参加していました。そこでは、こんなふうに手話を教わっていました。

もっと表情を大きく出して、手話と同じく大きく。あと「へぇ」、「ほんと」、「なるほど」だけ単語を覚えて、あとは表情を大きく使えば大体会話できるよ。

（Sさんからのアドバイス）

「へぇ」「ほんと」「なるほど」は会話の相槌に使う単語です。重要なのは相手への反応をしっかりと顔に出すことだと、ろう者のSさんから著者は教わります。著者には、この表情のコントロールがとても難しいのです。

毎週の集まりのあとには、飲み会も開催されていました。著者が驚いたのは、ろう者たちの飲み会では、席順があまり重要性を持たないことでした。口話であれば近くの人と話をすることになりますが、手話のため随分と離れた位置に座っている人同士が猛烈に話す光景を目にするのです。飲み会の席順とは、口話という条件を前提にしているのであって、手話であれば一定程度その制約が解除されるのです。

このサークルは、地域に根ざした活動の展開をモットーにしています。そのため、週末には、地域の行事にサークルとして参加することも多々ありました。著者は、そこでも手伝いメンバーとして加わりながら、手話サークルの活動を記録しつづけました。

卒論の調査として手話サークルに通っていることを、著者はメンバーに伝えていました。しばらく経ってから、あるメンバーからこんなことを言われました。

手話サークルの活動について見学したい、卒論を書きたいという人は、ほかにも複数いた。でも、一度しか来ない人がほとんどだった。あなたみたいに、一緒にずっと関わってくれる学生さんはいなかった。

エスノグラフィは人びととつながろうとする実践です。この原点を、本卒論は教えてくれます。

(2022年度日本大学卒業論文)

# 第5章 対比的に読む

エスノグラフィは、フィールドでの時間だけで完結するわけではありません。フィールドから持ち帰ったデータを整理し、さらには関連文献を読みながら、論点を明確にしていきます。

では、エスノグラファーはいかにして、フィールド調査と文献読解を接続しているのでしょうか。

本章では、主にエスノグラフィの古典とされる『ストリート・コーナー・ソサエティ』の私なりの読解を呈示しながら、フィールドと文献を接続する「読み」のありようについて考えます。

本章のポイントを示しておきましょう――エスノグラファーは、フィールド調査の内容を踏まえ文献を**対比的に読む**ことで、発見の中身を特定化していく。

これがどういうことなのか、考えていきましょう。

## †図書館の歩き方

エスノグラフィを書くために必要なこと。それは**たくさんエスノグラフィを読む**ことです。小説を書くためには小説をたくさん読む必要があるように、エスノグラフィを書くためにはエスノグラフィを多く読むことが、結果的には近道になります。

すぐれたエスノグラフィの多くが、現在では日本語で出版されています。最初から日本語で書かれた作品もあれば、外国語で書かれた有名な作品の翻訳もあります。残念ながら品切れになっている名作もありますが、大学や地域の図書館に入っていることが多いです。ぜひ取り寄せて読んでみてください。

ここでエスノグラフィを読むことについて説明する前に、まずは図書館の歩き方を記しておきます。

私は講義をする際に、受講生のみなさんに、**大学や地域の図書館を利用すること**を奨《すす》めています。図書館の何が素晴らしいかと言えば、古今東西の著者によって書かれた本が一堂に会していることです。在籍する大学や住んでいる街の図書館で利用者登録をすれば、無料で二週間ほど借りることができます。

借りることと同じくらい重要なのは、本の並びです。

たとえば、子ども食堂について書かれた本を探しに図書館に行くとします。子ども食堂を冠した書籍を棚で探していると、その棚には、関連する別の本も並んでいます。学校給食、地域福祉、ジェンダー論など、さまざまな本が並んでいます。お目当ての本だけでなく、それに関連する別の本に出会うことができるのです。

私自身、時間があるときには**図書館の館内を歩く**ことが好きです。大学図書館の場合、熱心に勉強している学生の姿が目に留まるでしょう。でも私は、集中力を上げて勉強することと同じくらい、本棚を眺めて、目に留まった本を手に取りページをめくるといった、歩く時間が好きです。

大きな図書館には、書庫があります。入館者が誰でも手に取ることのできる本や雑誌が並べられた開架とは別の空間で、古い雑誌や本などが収められています。書庫に入るには手続き（といっても名前を書いて、カバンなどの荷物を預ける程度です）が必要なことが多いですが、中に入ると、静かで、古い紙のにおいが香っていて、たくさんの蔵書が収められていることに気づくでしょう。

文学の棚にいくと、プルーストやカフカなど有名な作家の本が並んでいます。同じテクストでも翻訳者が異なっていたり、また全集に収められていたりと、いろいろな違いが見えてきます。昔の文学全集は、こんなに大きくて重い造本だったんだとか、訳文が旧仮名づかいだな、といったものです。そのあとに、同じテクストの最新の訳書を手に取ると、より現代的な表現やひらがなが多用された訳文が新鮮に見えてきます。

図書館の中を歩く

西洋文学のメジャーな作家の隣の棚には、中欧や東欧の文学として、ハンガリーやルーマニアの作家の短編集が収められています。手に取ると、その前口上では、ハンガリーの首都ブダペストの地図とともに、短編集の背景をなすハンガリーの近現代史が解説されています。1956年のハンガリー革命についての説明などもあります。

今度は、文学の棚から近現代史の棚に移動して、ハンガリー革命について書かれた本を眺めて歩きます。ヴィクター・セベスチェン著の『ハンガリー革命1956』という素敵な書物を発見して、その目次や本文を眺めます。立ち読みしているうちに、今度は同じ年代にラテンアメリカで起こった出来事が気になってきました。チリの現代史の棚へと移動します。

著名なフランスの社会学者アラン・トゥレーヌ（1925〜2023）の書いた『人民チリの崩壊』を発見して手に取ると、社会運動論で有名な社会学者トゥレーヌは、チリと深い関係があったことを知ります。妻はチリ人で、1956年から57年にかけて、彼はチリで生活し、そこで炭鉱労働者や鉄鋼労働者の比較研究もおこなっていました。

1970年代初頭、チリでは進歩的な学者がラテンアメリカ各地から集まっていました。しかし、73年の軍事クーデターによって、こうした学者たちは弾圧されていきます。トゥレーヌは、この本の最後に次のような文章を書き付けていました。

社会学は消え去ろうとしている。体制はこのうえ、社会学的視点に堪えられない。研究センターや学校は閉鎖された。人民連合に魅せられて、ブラジル、アルゼンチン、ウルグァイ、あるいはボリビアから亡命してきた外国人たち――事実、その数は多かった――、そして、チリの社会科学に新しい生命を吹きこんだ彼らは、国外追放になるか、逮捕されている。大学の全制度が、軍人の直接統制下におかれる。

(『人民チリの崩壊』278-279頁)

チリの軍事政権は、大学を直接統制下におきます。大学での自由な活動は制限され、その結果「社会学は消え去ろうとしている」。

社会学を学んだり教えたりするのは、いつでもどこでも自由におこなえることではありません。社会学は、このチリの事例のように、**弾圧の対象になってきた学問**でもあるのです。書庫でたまたま手に取ったトゥレーヌの本の末尾の記述から、あらためてこの点を痛感することになりました。

文学の棚からはじまった探索は、中欧の民主革命についての書棚を経由して、チリの軍事クーデターを記した社会学者の一冊へとたどり着きました。プルーストからセベスチャンを経由してトゥレーヌに行き着く1時間ほどの時間でした。

館内を歩くのは、フィールド調査をしているような気分です。どんな本に出会えるかわからないからです。図書館では、一度、所蔵された本は、除籍本とならないかぎり、館内に収められています。そうすると、あるテーマに関して一定の時間幅を備えた書棚ができあがりやすい。

たとえばラテンアメリカについてであれば、最新の成果も、10年前の著作も、20年前の作品も、同じ棚に並べられます。そうすると、いまの作品のトレンドだけでなく、かつてのトレンドも知ることができます。

そうして**時代の「複相」**を体感することができます。仮にラテンアメリカについて卒業論文を書くならば、こうした時代の複相を体感していくことは、きっと有意義でしょう。

## †探索することの魅力

ここまで図書館を歩くことの楽しみについて記しました。『エスノグラフィ入門』という本書の内容からは、少し逸脱してしまったかもしれません。ですが、これもまた、エスノグラフィ入門の重要な一部を成しているはずです。

なぜなら、エスノグラフィは、**探索すること**（すでにできあがった仮説を検証することではなく）が重要な営みであり、道すがらどこかに迷い込んでしまうような時間もまた大切だからです。図書館内を思うがまま歩いて、気の向いた本を手に取り、また別の本を立ち読みし、その隣の本にも手を伸ばす。探索するという点においては、エスノグラフィとも親和的なおこないです。

いろいろな本に触れておくことは、エスノグラフィの調査研究のアンテナの感度を高めます。

たとえば、私の主たるフィールドであるフィリピンでは、2016年にドゥテルテ政権が発足しました。その政権は「麻薬戦争」という政策上の看板を掲げました。麻薬の売買や使用をなくすという名目で、麻薬に関わりがあるとされた多くの人びとが超法規的に殺されていきました。

フィリピンにおいて麻薬の売買や使用は、貧困層だけでなく、中間層や上流層においても見られるものでした。にもかかわらず、「麻薬戦争」の被害者の多くは、スラムに住む貧困層の人びとでした。つまり、国家による貧困層の統制、あるいは貧困層への恐怖政治という内実が、そこには見え隠れするのです。

私は「麻薬戦争」については、新聞記事を読み進めてきた程度の知識しかありませんが、もしこのテーマで本格的に研究を進めるなら、国家による貧困層の統制についての知見を持っておくことは重要でしょう。

その場合、フィリピンだけでなく、たとえば『人民チリの崩壊』のようなラテンアメリカにおける民衆弾圧の事例に触れておくことが必要になるでしょう。調査研究で何に注目するのか、という**着眼点の感度が高まる**からです。図書館を探索的に歩くことは、問題を捉える着想を手にするうえで有意義なのです。

## †「赤青」の色鉛筆

第2章でエスノグラフィ調査のやり方を見て盗むことの重要性を書きました。同じことは、本を読むという行為にもあてはまります。私は大学院時代、院生室にいつも入り浸っていました。

大学院に入って驚いたのは、院生たちが持っていた本の量でした。それぞれが使える棚にはびっしりと本が詰まっていて、机の上にも山積みされています。こんなに本を読むの、と慄《おのの》いたことを覚えています。「日本の古本屋」というサイトを活用して、古本でいろんな本を私も買い集めていきました。「石岡くん、ちょっと本増えたね」と先輩に言われると、なんだかうれしかったです。

院生室にはある慣習がありました。そこに置いてある本は、手にとって読んでよいというものです。家に持ち帰るなど本格的に借りるなら、きちんと話を通す必要がありますが、その場で眺めるだけなら、人の棚にある本を勝手に手にとって大丈夫だったのです。

私は、先輩たちの持っている本を、よく手にとって読んでいました。なかには、院生たちがみんな持っている本もありました。『ストリート・コーナー・ソサエティ』『ハマータウンの野郎ども』『ディスタンクシオン』『暴走族のエスノグラフィー』などはそういった類の本でした。

**本の読み方**も、院生室で学びました。

まず赤と青が一本で半分ずつに構成されている色鉛筆を準備します。「赤青」です。両側とも削ります。そして本を読むときには、重要だと思う箇所には赤線を引き、人名や固有名詞は青の四角で囲います。「フーコー」などは青色で囲まれているわけです。

こうして、手を動かしながら、本を読むという流儀を大学院時代に身につけました（この流儀はいまでも私の中で維持されています。電車の中でもマーカーや色鉛筆をすぐに取り出せるようにポケットに入れて読書しています）。

買った本は**容赦なく書き込む**。私の場合、古書で手に入れた貴重な全集であっても、きれいな造本の書物であっても書き込みます。

本は使い込むことで味が出ます。置いてあるだけだとお飾りです。書き込むことで、本と自分が接続されていきます。野球のグローブは、クリームを塗って手入れをすることで、自分の手に馴染んだ独自のグローブに仕上がっていきます。同じように、本も書き込むことで自分のものになると私は考えています。

図書館で借りた本には、もちろん書き込んではいけません。その場合、コピーをとって、そのコピーに書き込みます。読書も身体的におこなったほうが、私には内容が頭に入ってきやすいです。**からだで読む**。

このように「赤青」を片手に本を読むようになったわけですが、人名を青で囲うのは途中でやめました。かわりに、黒鉛筆で、ページの余白欄に着想メモを書き込むようになりました。読みながら湧いてきたアイデアがあれば、それを書き残しておくのです。また、本を通読したあとに全体で考えたことがあれば、本の見返しや扉の部分にメモ書きしておくようになりました。

## 読みの体感

ポイントは、本の本体に**読んだ痕跡を残しておく**ことです。

本とは別に、読書ノートに本の感想や浮かんだアイデアを書き留めている方もいるでしょう。しかし、ずぼらな私は、ノートや紙に記したメモをすぐになくしてしまう悪癖がありました。それを防ぐために、本体にたくさん書き込んでおくのです。

本をなくすことはそうそうないので（あるとすれば飛行機の機内でしょうか。私は何度か座席前のシートポケットに入れたまま忘れています）、その本を手に取れば、過去の自分の読書体験と出会えるのです。

重要なのは、**初読のとき**です。本や論文を読む際には、自分の中にペースが生まれます。早く読める本もあるし、ゆっくりとしか読めない本もあります。さらに文章が紡ぐ流れがあります。私は初読の際の、このペースや流れを大切にしています。その時間的経験の中で、ここだと思った箇所に赤線を引きます。

時間的経験の中で、というのが重要です。あとから、特定のページを開いてそこだけを読みなおす場合、その読みは通読中に生まれる時間的経験とは切り離されています。そこだけを読んでいるので、時間的経験の外部から、つまり無時間化された地点から、ピンポイントである箇所と向き合っているように感じられます。

そうではなく、**通読中の時間的経験の内部での読み**に、私はこだわりたいのです。この読みの体感をもって赤線を引っ張ります。そうすると、あとから読み返した際にも、時間的経験の内部において重要だったものを確認できます。

たとえるなら、野球をリアルタイムで観るのか、ダイジェスト版を観るのかの違いのようなものでしょう。ダイジェスト版で観ると、得点シーンやファインプレーなど、見どころの詰まった映像を楽しむことができます。でも、見どころだけを見ていたのでは、やっぱり野球の深みはわかりません。凡退を含めてじっと観戦することで、つまり時間的経験の内部で試合を体感することが、野球を観るということであるでしょう。音楽で言えば、サビだけを聞いても、その曲の良さがわからないのと同じかもしれません。とおしで聞かないとわからないのです。

だから、本もよく引用される有名フレーズだけでなく、それ以外の眠い箇所も含めて、

**流れを追う**ことが重要なのです。流れを追う中で、自分が重要だと思ったこと、また湧いてきたアイデアを書き留めておくのです。

そうして、時間的経験の内部で読んでいた自分の体感を書き残しておきます。そしてあとから、いま一度、そこで書き残されたものを再検討しながら、その本が与えた影響が何であったのかをじっくりと考えていく。

こうした点に読書の妙味があると私は考えています。

## †エスノグラフィを読む

では、ここからエスノグラフィを読むという実例に入っていきます。

エスノグラフィの代表的作品といえば、まず『**ストリート・コーナー・ソサエティ**』（以下『SCS』と表記）があげられるでしょう。アメリカの社会学者であるウィリアム・ホワイトによる傑作で、原書は1943年に刊行されました。

ホワイトは、ボストンのイタリア系移民が多く住むスラムに、3年半もの間、居住しました。そこでの生活を書いたのです。

アメリカやイギリスでは、本書の影響下にある著作を「ストリート・コーナー社会学」

と呼ぶほどです。また、第1部に登場するギャング団のメンバーである「ドック」は、社会学の書物において、**もっとも有名な個人名のひとつ**と言えます。この本の内容を一言で言えば、従来、社会解体地区と言われてきたスラムにおいて、そこには独自の社会組織や秩序が成立していることを明らかにした作品、と言えるでしょう。

スラムといえば、貧困や犯罪の温床で、無秩序が支配するというのが、従来の見方でした。秩序だった社会が不在という意味で、社会解体地区と捉えられてきたのでした。でもこの本では、スラムには、主流社会とは内実を異にするけれど、独自の社会組織や秩序が生み出されていることが仔細に描き出されます。そこは無秩序ではなく、もうひとつの秩序が形成された世界なのです。

ですが、このようにまとめてしまっては、この本の豊かなディテールがきれいに削ぎ落とされてしまう。エスノグラフィの中身は、**あらすじに回収されるものではありません。**

ギャング団も大学生グループもヤクザも政治家も、この本には登場します。ディテールを読むことで、若者たちの集団意識やスラムにおける秩序のありようを理解できるのです。

ホワイトによる豊かな記述の中から、ひとつだけを取り出してみましょう。ギャング団において日常的におこなわれていたボウリングについてです（『SCS』第1章第2節）。

ドック率いるギャング団は、ボウリングをよくおこなっていました。同じ地区には、カレッジ・ボーイズと呼ばれる優等生気取りの若者が集うグループもありました。ギャング団は、威信を懸けて、カレッジ・ボーイズたちとボウリング対戦をおこなっていました。

この点だけを取ってみても、「社会解体地区」という従来のスラム理解が、いかに問題含みかがわかるでしょう。「社会解体」して無秩序が支配的ならば、おそらくそこでは剝き出しの暴力が頻発するでしょう。殴り込みに行ったり、リンチ制裁を加えたりといったものが、スラムの若者のグループ抗争だと安易に想像されてしまいます（ちなみに「殴る」というのはそんなに簡単な行為ではありません。ほとんどの人はきちんとした殴り方を教わったことがないし、「殴りマネ」をしても拳を痛めるだけです）。

もちろん、剝き出しの暴力も観察されたでしょうが、ホワイトはそうしたわかりやすい暴力ではなくて、**ボウリングという形式を借りた戦いのありよう**を詳述するのです。

社会的地位とボウリングの成績とのあいだには密接な対応関係があることがわかる。〔……〕ボウリングは、グループ内で個人が威信を維持し、獲得し、あるいは失う主要な手段になったのである。（『SCS』31頁）

ボウリングの形式を借りた戦い

ドック率いるギャング団は、上品ぶったカレッジ・ボーイズたちに、絶対にボウリングで負けるわけにはいきません。ドックは、ボウリングのグループ戦に出場するギャング団の代表メンバーを選抜制にします。ギャング団のメンバーは、5人の選抜メンバー内に入れるように、ボウリングの部内戦を繰り広げます。

ホワイトは、このボウリング現場に密着して、その結果をつぶさに記録します。そして、ボウリングと社会的地位が密接につながっていることを発見します。具体的には**ヤジが鍵**になります。

ボウリングの特徴は、投球者が2回投げる点です。1投目でストライクが取れなければ、2投目でスペアをねらう。重要なのは2投目です。ボウリングをやったことのある人にはわかるように、スペアが取れなければ、スコアは伸びません。

そしてギャング団のボウリングでは、投球前にさまざまなヤジが飛ばされるのです。グループの中で社会的地位の低い者は、徹底的にヤジられます。投球者は「自己の不安感ばかりか周囲の野次とも戦わなければならない」のです。

ここには重要な論点があります。精神的な勝負強さが試されているということです。

ヤジを気にして失投すれば、さらに笑い者にされる。剥き出しの暴力によるケンカよりも、ある意味もっと過酷なゲームかもしれません。本番に弱い、使えないやつとして、いじられるのですから。

ホワイトは、スラムの若者が単に物理的な暴力に訴えるだけではなく、ボウリングの試合のように、社会的なふるまいにもとづいて威信を作り出していくありようを描いたのでした。

**ギャングにはギャングのやり方がある。**無法ではなく、かれらなりの法があるといったほうが、その理解に近いでしょう。

## †裏舞台だけを読まない

以上のように、ボウリングの記述ひとつから、多くのことが考察可能になります。第1章で用いた言葉を使えば、ボウリングという「場面」から、スラムに生きる若者の世界の機微に触れることができる、とも言えるのです。

ボウリングの記述においては、豊かなディテールが登場します。スペアを取るための2投目の重要性、そこで繰り広げられるヤジの応酬、ドックが採用したメンバーの選抜制など、です。こうしたディテールをひとつずつ丁寧に書き残すことで、読者もまた1930年代のボストンの街角で繰り広げられたイタリア系移民の人びとの生活を追体験できるようになります。

繰り返しになりますが、本書はスラムに息づくもうひとつの秩序を書いた作品です。でも、それ以上の広がりが読者の視野には入ってくるのです。第2章で取り上げたマリノフスキの表現を用いるなら、「骸骨」ではない「血肉」を感じ取るためにも、エスノグラフィを書くには、古典的エスノグラフィの**本文を読まなければならない**のです。

「本文を」と言うのは、調査の舞台裏を開示した補足記事や調査回想のようなテクストを読んで、あたかもエスノグラフィ自体を読んだ気になってしまうことを危惧するからです。なにより私自身がそうしたあやしい読みをしてしまいそうになるので、自分に言い聞かせるつもりで、あえて「本文を」と記しています。

『SCS』には「アペンディクス」という調査の舞台裏を書いた章が、巻末に置かれています。英語初版が1943年に出版された際には付いていなかったのですが、1955年の英語第2版で加筆されました。

アペンディクスでは、ホワイトがどのようにして調査地に入り、ドックをはじめとする登場人物といかなる関係を築いたのかが詳細に解説されています。ホワイト自身も言及していますが、本書が世界中で読まれるようになったのは第2版で**アペンディクスを付記してから**でした。社会調査の学習にたいへん有意義ということで、この本は社会学の古典文献の仲間入りをするに至ります。

アペンディクスを読むと、たしかにすばらしい。社会調査の舞台裏を開示したテクストとして貴重な内容であることは、言うまでもありません。

そのことを認めてなお強調したいのは、それでも私たちは、本文をきっちりと読むことのほうが大切である点です。アペンディクスをいくら読んでも、エスノグラフィを実際に書くための修練には有効ではないからです。

舞台裏での楽屋トークはおもしろい。でも楽屋トークは、舞台上での本番の演技には敵いません。舞台をきちんと見るからこそ、舞台裏の楽屋トークが面白くなるのであって、楽屋トークだけを見ても、肝心の舞台を堪能する眼は養われないのです。たとえるなら、そのようなことです。

ですから、**本文を読んでください**。アペンディクスだけを読むようなことをしない。あるいは、本文を読まないで、序文や終章だけを読んで、その主張だけを抜き取るようなことをしない。エスノグラフィの本文をコツコツと読みこなすことによってのみ、到達することのできる技量というものがあるのです。

### †着眼点の移植

エスノグラフィの古典を読むことは、私のマニラの調査研究においてどのように活かされたのでしょうか。第4章で記したように、私はボクシングジムの日常に参与しながらフィールドノートを記してきました。

その中でスパーリングについて書いたことがあるのですが、そこでの記述は『SCS』からの影響が出ているように思います。ここには、他のエスノグラフィを読むことで培われた**着眼点を、別の時空へと移植させる**作業が潜んでいるとも言えるでしょう。

次頁のイラストを見てください。これは、マニラのボクシングジムでスパーリングがおこなわれている光景です。

注目したいのは、リングの周りを取り囲むようにして観ている多数のボクサーたちの存在です。かれらは、自分のスパーリングの順番を待ちながら他人のスパーリングを観ているのですが、いろいろとヤジを飛ばします。

# トライアウトで問われるもの

このスパーリングは、トライアウトでの光景です。トライアウトとは、ボクシングジムの入門テストのことです。その場ではトライアウト生の身体能力に加えて、「ハート」の強さが確認されます。トライアウトについて、私が記したフィールドノートが手元にあるので、少し長いですが、引いておきましょう。

今日は月曜日でトライアウトがあった。5名のトライアウト生がいたが、その中の1名は黒く薄汚れた白のランニングに緑の短パン、それにスリッパを履いた18歳の少年だった。彼の番になると、ジムのトレーナーによってグローブとファウルカップ、それにヘッドギアがつけられる。先ほどまで不安そうな顔をして座ってリングを見つめていた彼は、バンデージなしの裸の拳にそのままグローブをつけられた。リングに上がれという指示が出され、少年はスリッパを脱いで、裸足でリングに上がった。
彼はからだが大きいため、スパーリング相手がおらず、6ラウンダーであるマイケルがスパーリングパートナーとなった。1ラウンド開始の鐘が鳴ると、マイケルはトライアウト生にゆっくりと歩み寄る。トライアウト生は左右のパンチを必死に——まるでケンカのように——連続して10発ほど繰り出すが、空を切る。しばらく様子をみていたマイケルは、トライアウト生の大きな右フックをかわした直後に左のボディーブローを叩き込んだ。この1発で、トライアウト生はその場に立ちすくむ。今度はマイケルがトライアウト生の顔面に右のフックを返す。トライアウト生はロープにくぎづけになる。「おい、手出せよ！」、「ガード上げろ」。トライアウトを周りでみている10名近くのトレーナーやプロボクサーたちがトライアウト生にいう。

マイケルがわざと攻撃の手を緩めると、トライアウト生は最後の力を振り絞って前に出る。まだ開始から1分も経っていない。大きな左のパンチをフック気味に繰り出すが、あっさりとかわされ、彼は空振りの反動でそのまま大きくバランスを崩し、ひとりで転ぶ。マイケルが「みえないパンチでダウンしたぜ」とジョークを言い、それを聞いてトレーナーやボクサーたちが大笑いをする。立ち上がった彼に、マイケルは右のボディーアッパーを打ち込み、そのままトライアウト生はダウンし、立ち上がれなかった。「おい、立ち上がれ」。周りのボクサーが言うが、もうトライアウト生の目は力を失っていた。トライアウト生は開始から1分20秒でKOとなった。

（フィールドノートより）

この場面で重要なのは、トライアウト生が、スパーリング相手だけでなく、周りの観戦者たちとも戦わなければならない点です。観戦者たちはとにかくうるさい。ヤジをたくさん言い、さらにトライアウト生が、萎縮したりコミカルな動きをすると、全員で大笑いをします。

しかしながら、観戦者たちの存在は、トライアウトの**場を構成する重要な要素**でもあります。晒《さら》し者にされてヤジられても、それに動じない（実際には「動じないふりをする」ことです）トライアウト生は、ジムに入門後もボクサーとして活躍していく者が多いからです。逆に、ヤジを浴びてパニックになるような者は、いくら運動神経が良くても、ボクサーにはあまり向いていない。体は鍛えることができますが、ハートを強くすることはとても難しいからです。観戦者たちのヤジは、トライアウト生の心的な動じなさの程度を測るためのしきたりとも言えるのです。

実際、トライアウト生が、良いパフォーマンスを示すならば、観戦者はヤジではなく、応援をするようになります。「頑張れ」「ラスト30秒だ」こうした声が周りから上がり、彼らはまるで本番の試合のセコンドのようなふるまいを取るにいたるのです。トライアウト生がリングから降りると、観戦者のひとりのプロボクサーが彼のグローブを外す作業を手伝うこともあります。

## †対比的に発見する

先のフィールドノートに戻りましょう。なぜ私は、このようなフィールドノートを書いていたのでしょうか。

そこには**『SCS』からの影響**が認められます。ドック率いるギャング団のボウリング活動およびヤジをめぐる記述が、私をして、スパーリングと観戦者に焦点を当てて記す作業へと向かわせたと感じています。

『SCS』をはじめいろいろなエスノグラフィの作品を読んでいなければ、私はヤジの場面を記述しようとは思わなかったかもしれません。その場合、私は別のわかりやすい出来事に目を奪われていたでしょう。

たとえば、パンチ力のあるボクサーがスパーリングで相手をノックアウトする光景だったり、減量に苦しむボクサーが灼熱のマニラでサウナスーツを着て体重を落としている場面などです。でも、書くべきはそこではないのです。

ここで重要になるのは、フィールドで何に着目するかという点です。**社会学的な着眼点**

**は、社会学的な文献からしか与えられません。**

1930年代のボストンのスラムと、2000年代のマニラのボクシングジムでは、まったくもって文脈が異なります。歴史も文化も社会制度もすべて違う。それでも着眼点はつながっていきます。そして異なった対象を着眼点でつなげることで、逆に対象の異なりがはっきりする。対比的に読むとはそういうことです。

『SCS』のボウリングの記述が、マニラのボクシングジムでの調査に活かされる。ヤジという共通性がそこにはあり、その着眼点に沿ってフィールドノートが細かく書かれていく。こうして「データがつくられる」(この点は本章の最後に言及します)わけです。

フィールドノートに記録されるのは、徹頭徹尾、ミクロでローカルな一回性の内容です。でもその記録が生み出される背景には、**社会学の古典からの影響**がある。

ここに個別事例ではあるけれども、個別事例に留まらない水準が現れることになります。個別的ではあるけれど、普遍的な論点を伴った、具体的な場面が登場するのです。

また、ヤジという共通性に着眼点を据えるからこそ、両者の違いがはっきりします。一方がボウリング(『SCS』)、他方がボクシング(拙著)です。ボクシングは3分1ラウンドで進みます。だから、3分間はリング上のボクサーは動きっぱなしで「タイムイン」の状況にあります。つまり時間が流れ続けている。

けれども、ボウリングは、一球ごとに時間がブツ切れになります。1投目と2投目のあいだには長い「タイムアウト」がある。そしてブツ切れになるからこそ、精神的なコントロールが難しくなります。

ボクシングのように3分間ずっと「タイムイン」の時間が流れていれば、気も抜けないし、集中するしかない。だけど、ボウリングは一球ごとに時間が止まります。この余計なことを考える時間に、『SCS』ではヤジが応酬されるのです。

私はボクシングとの対比で、ホワイトによる次のようなボウリングの記述を再発見するのです。

ボウリングは多分に精神的なリスクと関係している。〔……〕チーム・プレーやかなりの連続的な動きを必要とするスポーツのばあいには、選手は時として競技に熱中してわれを忘れ、〝体がガチガチになる〟前に決定的な得点を上げることができる。ボウリングのばあいは、〔……〕ボウラーは長いあいだ自分の出番を待たなくてはならない。それで、自分のミスについてあれこれ気にやむ時間も十分にある。

（『SCS』25頁）

ボウリングは「あれこれ気にやむ時間も十分にある」のであり、それがやっかいな時間でもあるのです。この気にやむ時間に、グループ内の下位メンバーはヤジを浴び続けることで自滅していく。こうしてボウリングと社会的地位が深く関係するに至るのです。

もちろん、上記のように『SCS』の記述を読むのは、教科書的でも一般的でもない読みでしょう。でも、古典的エスノグラフィの本文を読むというのは、古典に書かれていることから離れないで、**古典と自分を対峙させる**ことです。その対峙が、対比的な読みを発生させ、そこから自分の書きたいことが、古典を通じてはっきりしてくるのです。

つなげることで違いがわかる。注意が必要なのは、最初から違いを見出してはならないことです。どこまでも古典に接近しようとする。そうして古典に同一化しようとすることで、逆に、同一化しきらない「差異」が発見されるのです。

つかまえられるべきは、この**小さな差異**です。最初から容易に見出せるような大きな差異ではなく、同一化しようと古典に肉薄しながらもそれでも最後に残る小さな差異が重要です。

以上は、ボクシングの調査研究をおこなう私ゆえに、ホワイトの記述はこう読まれたという、対比的な読みの一例として理解してください。

## †データをつくる

最後に、対比的に読むことが「データをつくる」ことに関連している点を指摘して、本章を閉じます。

エスノグラフィは、現実を書き残す実践です。しかし現実とはあまりにも多様で複雑であり、**誰がそれを見るか**によって見えるものが異なります。

第3章で記したように、私は基本的に生活者の立場からエスノグラフィを書いてきました。誰の立場から現象を記述するのかという点は、記述の「客観性」をめぐる方法論的な問題と関係します。客観性をめぐっては、次章で説明します【↓第6章】。

生活者の側から現象を記述する際にヒントになるのは、同様のテーマについて扱った他のエスノグラフィを読むことです。

私はボクシングについては、ロイック・ヴァカンの『ボディ&ソウル』という本が、立ち退き【↓第6章】についてはシン・ヒュンバンの書いた論文がたいへん参考になりましたた。前者はアメリカのシカゴのボクシングジムの事例で、後者は韓国の都市開発の事例です。どちらも、マニラを直接に事例として取り上げた著作ではありません。

私は、先に文献を読んで明確な問いを作ってからフィールドに入るのではなく、**まずはフィールドに入って、その後に**社会学の文献とフィールドを往復しながら考察を深めていきます。フィールドで得た漠然とした問題意識を、より明確にするための手段として文献を読みます。その際には、マニラについての文献だけでなく、着眼点を与えてくれる文献が大切になります。

そうして着眼点を定めながら、今度は、その着眼点にもとづいてフィールドでデータをつくる作業をおこなっていきます。データはあるものではなくつくるものです。ある人びとの立場に立って出来事を見つめなおすことで、はじめて意味が立ち現れてくることがあります。本章で取り上げたスパーリングと観戦者をめぐる記述も、ジムを一時的に訪問した人が見てもその意味を明確に把握することは難しいでしょう。ボクシングジムで長期にわたって住み込み調査をしながら、そこで練習と生活をし、さらに文献を読みながら考えていく中で、観戦者のヤジの意味に気づいていくのです。

こうした気づきを基点にして、フィールドに戻り、今度はボクサーへのインタビューやフィールドノートの記述を進めていきます。そうすることで、観戦者とヤジをめぐるデータをつくっていくのです。そうしてつくられたデータは、調査対象の人びとによって検証されていきます。

私の場合、自分が書こうとしている内容を、ボクサーに話して聞いてもらっていました。たとえば、スパーリングで観戦者の役割は重要ですよね、といった具合です。**みずからの見解をフィールドで確かめながら**、事例記述を展開するのです。記述の正しさは、ボクサーとのやりとりを通じて、確認されていく。

フィールドの時間に参与する。文献を対比的に読んでいく。一定の着眼点からフィールドでデータをつくっていく。そうしてつくられたデータをもとにして、調査対象者とその内容をめぐってやりとりする。

こうした一連の作業を経て、エスノグラフィが執筆されていくのです。

**†本章のまとめ**

それでは本章のまとめに入りましょう。

・エスノグラフィを書くためには、エスノグラフィを読まなければならない。
・文献を「対比的に読む」ことで、エスノグラフィの調査研究の着眼点が明瞭になる。
・データは「ある」ものではなく「つくる」ものである。

そしてさらに、前章までの手法上でのポイントをアップデートするなら、次のようになるでしょう。

エスノグラフィは、経験科学の中でもフィールド科学に収まるものであり、なかでも①**不可量のもの**に注目し記述するアプローチである。不可量のものの記述とは、具体的には②**生活を書く**ことによって進められる。そして生活を書くために調査者は、フィールドで流れている③**時間に参与する**ことが必要になる。こうしておこなわれたフィールド調査は、関連文献を④**対比的に読む**ことで着眼点が定まっていく。

本章では、フィールド調査を文献読解と接続するやり方について記してきました。次章では、エスノグラフィをめぐって、よく提示される疑問点をあげて、それに答える作業をおこないます。

具体的には、エスノグラフィは個別事例を書くだけで事例の一般化ができないのではないかという疑問、あるいは、客観性はどのように担保されているのかという疑問などについてです。また、ミクロな出来事にこだわりすぎてマクロな問題がうやむやにされているのでは、という点についても検討していきます。

## コラム5　リスクから見るサブカルチャー

北海道には、冬にスノーボードを楽しみ、夏に農業をおこなう人びとがいます。生活の中心は冬のスノーボードのほうにあります。雪深い山中に車（4WDのバン）で入って、数週間におよぶ車中生活をおこないます。

滑るのはスキー場ではなく原生の山です。新雪に唯一のシュプール（滑り跡）を刻みます。滑走する様子を録画して、DVD販売をしたり動画配信をします。

この卒論は、そうしたスノーボード集団への参与観察の記録です。著者は、学生のため平日に授業があり、さすがに山深い地区で何週間も車中生活を送ることはできません。スノーボード集団が遠征に出かける前に札幌周辺で活動している際に、著者は参与観察をおこない、インタビューも交えて卒論を仕上げました。

考察にあたっての中心テーマは「リスク」です。雪山では、雪崩や急な悪天候といったリスクがつきまといます。雪山の木々のあいだを猛スピードで滑り、急斜度の崖をジャンプする。「不確かな地形」を滑りきることに、かれらは価値を置いています。

M　すごいいい景色のとこ滑ったときとか、あとは一生懸命登って滑ったときとか、ほんとに命の危機を感じるくらいの斜面を滑り切ったときとか。またなんかいろんな興奮があるよね。

――そういったときに興奮するというか、気持ちが、やっぱ急な斜面になればなるほどなんですか？

M　そうだね。アドレナリンでるしね。でも不安だよ。大丈夫なのか、行けんのかそこの葛藤じゃない？　行けたとき、「やったー！」とか。「生きてたー！」とか。

もちろんその一方で、リスクをコントロールもしています。事前にルートを把握し、天候にも注意を払います。メンバーたちは無線で連絡を取り合い、危険なスポットをその都度、情報共有します。「地形の共有」がおこなわれるのです。当然、仲間の存在が重要になります。

リスクを「なくす」のではなくそれを「コントロールする」こと。コントロールするという過程で見出される楽しみの水準に注目して、この卒論はエスノグラフィを描出しました。

スノーボードも農業も、どちらも自然を相手にするものです。すべてを「人間の力でどうこうできる」と考えるのではなく、人間の力ではどうしようもできない存在を「受け入れる」ことで見えてくる世界があります。

M　自然てさ、決められてないじゃん。何が起こるか分かんないじゃん。正直なところ。それをさ、人間の力でどうこうできることじゃないことって多々あるじゃん。そういうのを、畑もそうだし、スノーボードも受け入れなきゃいけないっていうか。吹雪のときはもう無理しちゃだめだし、畑だって、種まいて次の日に収穫したりするの無理だし、待たなきゃいけなかったり。

北海道大学には、スキーやスノーボードだけでなく、登山やカヌーなど、アウトドア活動が好きな学生たちがたくさんいました。冒険好きな学生たちと話すのはとても刺激的でした。そうした学生の何人かは、私のもとでエスノグラフィの卒論を書いて卒業していきました。

（2012年度北海道大学卒業論文）

# 第6章 事例を通して説明する

ここまで、エスノグラフィを実際におこなうときのポイントを記してきました。フィールドへの入り方【↓第2章】、人びとと同じ時間を過ごすこと【↓第4章】、フィールド調査と文献読解の接続の仕方【↓第5章】などです。

ここまで読んで、エスノグラフィをやってみたくなる気持ちは徐々に出てきたけれども、果たしてエスノグラフィは**「科学」の作業として妥当なのだろうか**、という疑問を持たれた方もいるかもしれません。

私は、大学では、受講生のみなさんにとにかくエスノグラフィはおもしろいのだと力説することが多いです。私の実体験を話したり、古今東西のエスノグラフィの名作のエッセンスを紹介したりします。すると、学生たちは、その面白さをわかってくれることが多いのですが、同時に以下のような質問が出ることもあります。

・たったひとつの事例で論文を書けるのでしょうか？　複数の事例を並べないと一般化できないのではないでしょうか？
・エスノグラフィに客観性はあるのでしょうか？
・エスノグラフィとルポルタージュの違いは何にあるのでしょうか？

こうした質問は、とても重要な内容を含んでいます。本章は、教室で出された上記の質問などを題材にしつつ、人文社会「科学」のなかにエスノグラフィを位置づける作業を試みます。

なかでもポイントになるのは、エスノグラファーは事例を説明するのではなく**事例を通して**説明するという点です。マニラのボクシングジムを説明するのではなく、マニラのボクシングジムを通して説明する。こんな思考のスタイルについて考えていきましょう。

## †フィリピンとの出会い

エスノグラフィは、ひとつの事例地に通いながら考察を深めます。ひとつの事例と言っても、エスノグラファーはそのひとつへの思い入れがとても強いです。エスノグラファーにとってのひとつの感覚を把握するために、私のフィールドとの関わりを紹介しましょう。

私がはじめてマニラのボクシングジムを訪れたのは、2002年のことでした。当時、大阪市立大学の院生でフィリピンを事例にフィールド調査をおこなっていた高畑幸さん（現・静岡県立大学教授）が、私の調査構想に関心を持ってくれて、高畑さんがマニラに調査で行かれる際に私を同行させてくれたのでした（高畑さんの仕事については『在日フィリピン人社会』を参照）。高畑さんは、フィリピンでの人脈を使って、現地のジム（Ｅジム）にまで私の訪問の話をつけてくれていました。

高畑さんと関西国際空港で待ち合わせをして、一緒にマニラまで飛びました。空港には高畑さんの知り合いの方が迎えにきてくれていて、車でＥジムまで移動しました。私ははじめて訪れるマニラです。スラムに隣接するＥジムに到着して、私は緊張していました。そうすると、高畑さんは「じゃあとは頑張って」と言い残して、そのまま自分の調査地へと移動してしまいました。

私は見ず知らずのジムに放り出されたかたちになりましたが、結果的に、この高畑さんのやり方は**ものすごく教育的**でした。私は周りにいる人に自己紹介をして、なぜ自分がここにいるのか、何に関心を持ってきたのかを必死に話したことを覚えています。

ジムのマネージャは、こころよく私のことを受け入れてくれました。このマネージャのルイスは、私のフィリピンでの恩人となり、いまでもマニラに戻ると、私はＥジムを常宿としています。マニラに滞在してもジムの周辺でいつも時間を過ごすので、マニラ全体の地理はいまだによくわかっていません。

はじめてのフィリピン滞在とジム訪問は、私にとってとても楽しい時間でした。私はまだ20代半ばでボクサーたちと年齢が近く、そして男性でした。彼らも日本から来た大学院生の私に興味津々で、いろいろなことを質問攻めにしました。

ボクサーたちはお金がなく、持ち物をほとんど持っていないのですが、そんな彼らでも整髪料はロッカーに置いていました。あるボクサーはトイレの鏡の前で髪をセットしながら、その隣で顔を洗っていた私に「お前もジェルをつけろ」と言いました。そしてジェルをたっぷりと私の髪につけて、ツンツンの髪型を作ってくれました。私はすっかり彼らの虜になり、**このジムで本格的にエスノグラフィ調査をしたい**と考えました。

翌年の2003年には、私はひとりでEジムを再訪しました。そして、マネージャのルイスに長期の住み込み調査をしたいということを告げました。ルイスは「ボクサーでもないのに、そんなことをしようとするのはお前くらいだ」と言って、快諾してくれました。第3章で取り上げた松田素二さんの『都市を飼い慣らす』を読んでいたので、松田さんがナイロビでやったような調査を、私もEジムでやってみたかったのです。

「お前もジェルをつけろ」

### †繰り返し通うこと

二度目のフィリピン訪問から帰国してから、私はトヨタ財団の研究助成への申請準備をはじめました。1年間の住み込み調査をするには、お金が必要でした。日本育英会（現・日本学生支援機構）の奨学金とアルバイトで日本での学生生活を送るには大丈夫でしたが、マニラまでの航空券や滞在費などを考えると、研究助成金の取得が必須でした。

時間をかけて申請書を書き、応募しました。幸い、トヨタ財団は私に助成金を出してくれました。当時は採択の連絡は、メールではなく書面で郵送されていました。不採択だとペラ紙1枚、採択だと分厚い書類一式が送られてくることを知っていました。届いた封筒が、A4サイズのとても分厚い封筒だったので、受け取った時点でうれしくなったことを覚えています。

そうして、2005年4月から1年間、住み込み調査を実施し、その後も、毎年、春休みや夏休みにEジムに戻って追跡調査をおこないました。博士論文を書き上げたのは2010年でした。Eジムをはじめて訪れてから8年が経っていました。

私が教わった社会学の先生たちは、**本格的な事例調査は10年かかる**とよく言っていました。長期での住み込み調査も含めて、その後も繰り返し同じ地に通い続けながら、だんだんわかってくることがあるのです。ものすごい労力と時間がかかりますが、その分、フィールドに惚れ込むようになっていきます。第3章で触れた「アフリカの毒」のようなものでしょう。

このように時間がかかる点を書くのは、決して読者のみなさんを脅《おど》すためではありません。そうではなく、フィールドに惚れ込み、身も心も奪われてしまうような経験の素晴らしさを強調するためです。

ここでの経験を絶対に書きたい。**書き上げないと死ねない**。そんな思いが発生してくれば、長い時間とそれに関わる労力は、負担としてではなく、よろこびを伴ったものになるでしょう。

沖縄に数十年にわたり通い続けながら調査を実施している岸政彦は、次のように記しています。

質的調査の社会学は、現場と研究室を無限に往復することでしか、やっていけません。

(『質的社会調査の方法』iii頁)

現場と研究室を無限に往復するのです。サッと行ってサッと帰ってきたのでは、やはり内容の薄い記録しか書けません。

もちろん、読者のみなさんのほとんどは、10年もの時間を調査に費やすことは不可能でしょう。でも、職業的研究者のこうした姿勢に触れておくと、卒業論文でもフィールドに行くのではなく通うようになる学生が登場します。そうした学生は、何度もフィールドに通いながら、その機微を捉えて研究室に戻ってきます。

## †対比という方法

以上を踏まえて、学生からの最初の質問に応答しましょう。「たったひとつの事例で論文を書けるのでしょうか？」というものです。

たしかにひとつの事例ではあるのですが、それを書き上げるまでに10年近くの時間を要するものです。エスノグラファーからすれば、そのひとつの事例は**みずからを捉えて離さない思考の軸足**です。だから、たったひとつの事例ではなく絶対的なひとつの事例です。

ホワイトの『SCS』におけるコーナーヴィル、松田素二『都市を飼い慣らす』におけるカンゲミ、それに私にとってのEジムがそのようなものかもしれません。

そして、絶対的なひとつの事例を描くために、多くの場合、別の事例地でも調査をおこなっています。最終的に出版されたエスノグラフィにはほとんど記述されていないかもしれませんが、**別の事例調査を通じて**、エスノグラファーは絶対的なひとつの事例の特徴をつかむ作業をしています。

たとえば、松田は大都市ナイロビのスラムであるカンゲミで住み込み調査をしながらも、住人がクリスマスに故郷の村へ帰省することに着目します。松田も帰省に同行して村を訪問し、その村でも調査をおこなっています。そして、村での調査を踏まえて、カンゲミという都市での出稼ぎ民の生活の特徴を描き出します。

具体的には、都市に出稼ぎに出ている者が、都市で亡くなった場合、どのように遺体を村まで送るかという難問が生まれます（母村では遺体を自分の屋敷地内に埋葬しないと悪霊になると考えられています）。対処法は、時代に応じて変化していくのですが、「都市での死」がいかにカンゲミで生活する人びとにとって重大な課題であるのかは、村での調査を通じて、その意味が発見されていったものでもあるでしょう。

よって、ひとつの事例であっても、調査実践としては複数の事例を調べてはいるのです。

ただ、そうした複数の事例を並べて比較したりするのではなく、**中心となる事例をより深く捉えるための対比項**として他の事例を使っているのです。

私の講義でも、この点は特に強調する点です。受講生からは「比較しなくてよいのですか？」という質問がよく出るのですが、そこで「比較」という言葉で想定されているのは、同じ強度で複数の事例を調査して、その結果を比較するという手法です。

エスノグラファーがおこなっているのは、そうした「比較」ではありません。「対比」をおこなっているのです。

複数の事例を同強度で調べるのではなく、異なる強度で、つまり強弱をつけて、調査をするのです。松田の上記の作品においては、あくまで都市がメインで、母村は補助的な内容になっています。都市生活の特徴を把握するために母村でも調査をおこなうのです。

そしてこの対比は、調査法だけでなく、第5章で記した文献の読みにも関連します。私はボクシングジムで取り組まれるボクシングの特徴を把握するために、『SCS』のボウリングの記述を対比的に読んだのです。

文献を用いた対比は、エスノグラファーが日常的におこなっていることでもあります。たとえば、女性ホームレスをめぐる重要な作品を刊行した丸山里美は、男性ホームレスについて論じられた先行研究との対比で女性ホームレスの特徴を描いています。

以上をまとめると、中心に描かれるのはひとつの事例であっても、実際には複数の事例を補助的に調査していること。そして補助調査の内容を対比的に使うことで、ひとつの事例の特徴が明確化されていることがわかるでしょう。

では、その**事例が選ばれたこととの説得力**は何によって担保されるのでしょうか。

それは、これまで述べてきたように、「主題」との接続がうまくいっているかどうかによるでしょう。前章のホワイトのボウリングの事例が、街角の若者たちなりの規範や掟を上手に示していたように、その事例がいかなる主題とリンクするのかをきちんと提示できることが、何よりもその事例が取り上げられたことの根拠になっているでしょう。

## †事例を通した説明

しかしながら、まだ読者のみなさんには、ひとつの事例で書くことへの懸念は解消しきれていないかもしれません。懸念の前提にあるのは、事例を複数並べることで一般化をおこなう、という発想があるからでしょう。Aジムでは、ファイトマネーの未払いでボクサーが辞めた。同じような未払いで辞めるケースは、BジムやCジムやDジムの事例にもあるのだろうか。こうした発想が上記のものでしょう。

これはたしかに重要な発想法です。しかし別の発想法もあります。それは、事例を通して説明する、というものです。

マニラの事例から考えてみましょう。私は都市再開発のために、強制的な立ち退きを強いられたスラム住人の経験を書きました。そこでのポイントは、**立ち退きは、住人の「時間的予見」を奪う**ということです。

どういうことかというと、フィリピンの庶民世界では「つけ買い」がお店と人びとの間でおこなわれます。石鹸や調味料、タバコやお酒など、いろいろな日用品が「サリサリストア」(サリサリとはフィリピン語でいろいろの意味)で売られています。お店と住人には、固定客のような関係ができあがっていて、その関係において「つけ買い」が実施されていました。月末であったり、あるいはお金が手に入った際に、つけをまとめて支払います。つけ買いは貧しい人びとが生活を送るうえで、とても重要な意味を持ちます。

しかしながら、立ち退きの対象地になると、このつけ買いのありようが変化します。立ち退きが実行されたら、つけを払うことも回収することも不確実になるからです。つけ買いという営みは、今後も現在と同様の生活が継続するであろうという時間的予見が前提にあってはじめて成立するものなのです。

立ち退きの対象地になるということは、立ち退きが実行されるかどうかという点だけが重要なのではありません。いまだ実行されていなくとも、人びとの時間的予見に影響を与えるのであり、そうして貧しい人びとの生活を不安定にさせるのです。

ここから私がその本で論じたのは、立ち退きは実行の有無だけでなく、未実行であっても人びとの時間感覚を宙吊りにするという点でした。私は**「立ち退きの時計」**という言葉を使いましたが、その時計はショベルカーが家屋を叩き壊す際に開始するのではありません。もっと前から、住人たちの時間的予見を奪うことに関与しているのです。

この話のポイントは、ひとつの事例を通して立ち退きが人びとの時間的予見を剝奪するという点を示したことにあります。この話を、社会学者の集う研究会や学会で発表した際には、同様の事例が他の事例地でも当てはまるかどうかを確認するべきという反応は、いっさいありませんでした。

私の主眼は、立ち退きを調べるというよりは、立ち退きを通して都市貧困層の生活を調べることにありました。立ち退きを調べるならば、立ち退きが何件起こっていて、それはどの地区に集中していて、時系列で見ると昨今は増えているのかどうかなどが調べ上げられることになります。たしかに私もマニラを事例にそうしたデータ整理はおこなったのですが、そこに私のエスノグラフィのねらいはありませんでした。

そうではなく、立ち退きを通して調べることが重要でした。私は、立ち退きを強いられた住人が、実際に自宅を強制撤去されて、政府の準備した再居住地に送られる模様をリアルタイムで記録しながら、さらにはその後の再居住地にも通いながら、スラムに生きる貧困層の人びとが経験する**時間的予見の剝奪の詳細**を調べていたのです。

こうして立ち退きを通して調べる態度が伝わっていたからこそ、私のフィールドでの事例が立ち退きの一般例なのかどうかという点を問う質問は出なかったのかもしれません。それよりも、立ち退きがいかに見えざる抑圧効果を人びとに与えているのかという論点に、質疑は焦点化されていきました。

### †論理の解明へ

立ち退きを通して、貧困層の生活の困難のありかを説明する。特に、その生活の「実際」――「はじめに」と第2章で強調して使った言葉です――が、なぜどのようにしてそうなっているのか、その**論理や背景をつかまえる**作業がおこなわれているのです。

もう少し、「事例を通して説明する」ことを続けましょう。2023年に邦訳が刊行されたマシュー・デスモンドの『家を失う人々』の内容を取り上げます。デスモンドは、アメリカの都市ミルウォーキーにおいて、家賃滞納により強制退去を余儀なくされた8つの借家人の事例を詳細にエスノグラフィとして描き出しました。衣食住は人間の生活の基礎になるものです。そのうち、今日のアメリカの貧困層にとっては「住」がきわめて困難になっている事態を捉えました。

家賃滞納というと、日本の読者からすれば、家賃を払わない借家人の問題として一括りに理解されてしまいそうです。でも問題はそう簡単ではありません。エスノグラフィを読むことは、遠くから眺めると単純に見える問題が、そこに生きる人間の「実際」からすれば相当に複雑に絡まり合っていることを理解する作業でもあるのです。

私にとってエスノグラフィー（民族誌学）とは、人々の生活のなかに自分ができるだけすっぽり純粋に入りこみ、周囲と一体化するように努めたうえでおこなうものだ。〔……〕長期にわたってかれらの行動を追い、観察し、自分でも体験し、かれらとともに働いたり遊んだりしながら、行動や交流を記録しなければならない。そうしていれば、だんだんとかれらのように動き、話し、考え、感じるようになる。

（『家を失う人々』479頁）

デスモンドは、家を失う人々と同じ時間を共有しながら調査を進めました。「かれらのように動き、話し、考え、感じるようになる」ためです。この本はピューリッツァー賞をはじめ、数多くの栄誉ある賞を受賞し、バラク・オバマ元大統領には2017年（原書刊行年）のもっともすぐれた一冊として絶賛されました。

ここでは一点だけ取り上げて、「事例を通して説明する」ことについて考えましょう。**強制退去の最たる被害者は、シングルマザーである**というデスモンドの指摘です。

男性に投獄がつきものだとすれば、女性には強制退去がつきものだ。貧しい黒人男性は閉じこめられ、貧しい黒人女性は締めだされているわけだ。（同、153-154頁）

アメリカでは黒人男性の大量投獄が社会問題になっています。その一方で、黒人女性は家を失う人びとの最たる存在だと言うのです。

その具体的な状況を、デスモンドはアーリーンという**シングルマザーの事例を通して**描き出します（第8章「四〇〇号室のクリスマス」）。アーリーンは、18歳になって以降、もう20回以上も家を借りています。一年に一回は子どもたちと引っ越しをしている計算になります。なぜそんなことになるのか。

高騰する家賃に加えて、シングルマザーだと子どもとの生活のために、男性に多い単身生活者よりも、広い間取りの部屋を探す必要があるからです。子どもがいるため仕事できる時間は限られ、別れた夫からは金銭的な支援を受けることができない。また、小さい子どもがいるとなると、家主の側は、子どもは部屋を汚すとか、周りの住人に迷惑をかけるなどと言って、家賃を値上げする。

今日のアメリカのアパート契約においては、信用スコアが影響していることも重要です。クレジットカードのブラックリストと同じように、一度、強制退去の記録がデータベースに残ると信用スコアが低下し、よりひどい借家に流れつかざるを得ない仕組みがあります。部屋は寒く、窓は割れたままで、シャワー室は排水溝が詰まって使えない。かわって台所で、髪を洗うような日々を生きることになります。

こうして信用スコアでデータ管理された貧困層は、アーリーンの事例のように、より劣

貧しい黒人女性は締め出されている

化した家へと囲い込まれていくわけです。その一方では、その劣化した家を元手に巨万の富を稼ぎだす大家が誕生しています。

2008年のサブプライムローン問題の発生は、大家たちにとってはこの上ない好機でした。大安売りの値段で売りに出された劣化住宅を家主たちは買い取り、それを貧困層向けの賃貸住宅として貸し出すことで富豪になった者もいたのでした。

デスモンドは、たいへんすぐれたエスノグラファーであると同時に、裁判記録などを扱った量的調査もおこなっています。デスモンドは、質的調査も量的調査も、共に高い水準で実施できる稀有な社会学者です。

それでも彼の**真骨頂はやはりエスノグラフィにある**と私は理解しています。エスノグラフィだからこそ『家を失う人々』はあれだけのリアリティを読書界に届けることができたのでしょう。

強制退去がシングルマザーにもっとも深く影響を与える点を論じるにあたり、デスモンドがアーリーンの個別の状況を徹底的に抉《えぐ》り出す手法を取っていること——アーリーンと同様の別のシングルマザーの事例を並べ立てることによってではなく——が、エスノグラフィとしては重要になるでしょう。

ひとりの女性の置かれた事態を丁寧に捉えることで、なぜシングルマザーがその最たる犠牲者になるのかという論理や仕組みを描き出すことが可能になっているのです。その論理とは、子どもがいると家賃が値上がりすること、広い間取りを必要とすること、労働時間が男性よりも女性の方が限られるといったことなどの複合的条件に見出されます。

つまり、単にシングルマザーが犠牲者になりやすいという一般的事実の指摘だけでなく、なぜそうした事態が生み出されるのかという**論理の解明の次元**において、エスノグラフィはきわめて有効なアプローチであると言えるでしょう。

ある知見が他の事例でも当てはまるかどうかということではなく、なぜそういうことになっているのかという論理を力強く描くこと。デスモンドは、アーリーンの事例を通して立ち退きとジェンダー問題が接続される論理のあり方を説明したのです。

## †羅生門的手法

ここまで「ひとつの事例」という論点を考察してきました。次に、本章の冒頭に掲げた二つ目の問いである「客観性」をめぐる問題へと話を移行しましょう。

ある対象をどう見るかは、見る者の経験や立場に応じて異なります。路上に戦車があります。私を守ってくれるものと見るか、私を攻撃するものと見るか。同じものを見ても、見え方は異なるのです。

これはオスカー・ルイス（第4章でも取り上げました）が、「羅生門的手法」と呼んだものと関係します。羅生門的手法は、複数の語り手の語りを、語り内容の異同を整序化することなくそのまま提示する手法です。

戦車を例にすれば、侵攻している側（＝A）とされている側（＝B）では見えているものが異なるし、さらに戦車を操縦している者（＝C）は独自な戦車の見え方をしているでしょう。羅生門的手法とは、そのシーンをめぐって、どの立場からの記述が正しいのかを確定するのではなく、**見え方の多元性をそのままに描く**ものです。戦車をめぐる証言であっても、A、B、Cのそれぞれの語りをそのまま並置して示すのです。

この手法は現実がひとつではなく多元的でもありうるという「多元的現実」を描くために編み出されたものでした。ルイスは、黒澤明による映画『羅生門』（1950年。これは芥川龍之介の短編「藪の中」の内容を同著者の「羅生門」の舞台設定で実写化したものです）からヒントを得たので「羅生門的手法」と呼ばれています。

ルイスがこの手法を生み出した背景には、それまで現実はひとつであることが前提とされてきた点があります。「真相は何か」というものです。

でも、「真相」というのは、結局のところ、権力が構成するものであるとも言えます。白と黒が混じっていても、権力が白だと言えば白になる。権力によって確定された白を追認するかたちで、私たちもその「真相」が白だったと納得していく。**「真相」とは事実ではなく力である。**この点を踏まえれば、私たちは「真相」なるものを素朴に前提することに注意するようになるでしょう。ルイスが「羅生門的手法」を打ち出したのは、安易に唯一の現実＝真相を措定するような社会調査に警鐘を鳴らすという意味があったと言えます。

しかしながら、私自身は、羅生門的手法とは異なった手法で、みずからのエスノグラフィを書いてきました。羅生門的手法では、多元的現実が描出されますが、それぞれの語りは等質に扱われます。AもBもCも並置されるのです。しかしこれでは、**現実は多様である、という以上のことを言えません。**

たしかに現実はひとつではない。だからエスノグラフィは「真相究明」のようなことをおこなわない――より適切に言えばおこないえない、おこなえない――わけです。しかしながら、多元的現実を述べるだけなら、それもまた調査をせずとも言えてしまう。あらゆる現実は多元的なのですから。

## †客観性から客観化へ

ではどうするか。

「唯一の現実」とも「多元的現実」とも異なるかたちで、私は「ある人びとにとっての現実」を書くことを試みてきました。私は以前に、この点について、**ボクサーの食事時間**を例にして考えたことがあります。

たとえば、夕飯の提供が3分遅れたことに対して、マネージャは「3分くらいどうってことないだろう」と言い、ボクサーは「俺たちはバカにされている」と言い、その場に居合わせた別の第三者は「しょうもないことで言い争いをするな」と言うとしましょう。このように三者三様の解釈が登場した際に、一番無難な記述は「ここには多様な解釈がせめぎあっている」とまとめるものでしょう。多元的現実として回収するやり方です。

しかしすでに述べたように、これでは凡庸です。ではどう踏み込むか。

私が徹底したのは、ボクサーの視点に依拠して、日常のあらゆる事柄を書くという姿勢です。先の食事の例にしても、ボクサーの立場から、わずか3分の遅れに対してそこまで過敏になる論理を把握しようとしました。

ボクサーたちは、みずからが所属選手として「大切に扱われている」ことを実感していたい。お金はあまり稼げなくとも、せめて食事くらいは定刻にきちんと準備してほしい。だから3分の遅れもゆるせないのです。「扱われ方」をめぐる繊細な感覚がボクサーたちには共有されているのです。

このボクサーの立場に依拠した捉え方は、私自身の選択が入り込んでいる点で、まったく客観的な観察ではありません。客観的な観察をするためには、三者を万遍なく踏まえた超越的な地点から説明する必要があるからです。

けれども、ボクサーにとっての夕飯の意味は把握できると私は考えます。客観的な把握をするのではなく、ある人びとにとっての把握を目指すのです。そして、このときエスノグラファー自身が誰の視点に依拠しているのかを明示することによって、次のような捉え方が可能になります。

すなわち、ボクサー目線というバイアスを公言したうえで、そのバイアスのかかった目から見ると、夕飯とはかくかくしかじかのものである、といった捉え方です。これは、**バイアスのかかった事実をバイアスの所在の明記と共に捉えていく**というものです。

ここにあるのは、複数の視点を超越した「客観性」を担保するのではなく、どのような人びとの視点に依拠しているのかを自己言及したうえで、現象を記述するという「客観化」の作業をおこなう姿勢です。自らの文章化がどのような視点から、どのようなバイアスをもっておこなわれたものであるのかを明示する手法です。

**ある人びとにとっての現実の把握**。これを進めることは、エスノグラフィにおいてとても重要でしょう。

私は、基本的に、第3章の「生活を書く」でも記したように生活者の立場からエスノグラフィを書きます。ボクシングジムなら、プロモーターや観客やスポンサーなどではなく、ボクサーの立場から書きます。スラムの立ち退きの調査では、立ち退きを強いられた住人の立場から書きました。

このようなやり方でエスノグラフィを書くと、たとえば、立ち退きの事例については「都市計画を進める側も苦しんでいる」とか「市役所の職員のたいへんさも理解すべきだ」といったコメントを受けることがあります。それはそうかもしれませんが、都市計画者も、市役所職員も、住人も、「みんなたいへん」と言ったところで、どこにも、誰にも、その言葉は刺さりません。

都市計画者もたいへんかもしれませんが、かれらの家が強制撤去で破壊されるわけではありません。**力を奪われる側に立つ**、というのは、社会学のエスノグラフィではこれまでも多くの著者が取ってきた態度です。

私は唯一の現実でも多元的現実でもなく、ある人びとにとっての現実を書いてきたことになります。ここで言う「ある人びと」とは、基本的に為政者でもNGOでも教師でもなく、そこで日々を生きている生活者でした。

そして「客観性」を担保するというよりは、記述の立ち位置を自己言及的に明記したうえで対象について記述をするという「客観化」の作業をおこなってきたと言えます。「客観化」をめぐる以上の点は、ブルデューの「客観化を客観化する」実践ともつながるでしょう【↓第2章】。

### †ミクロ・マクロ問題

ところで、エスノグラフィは、ミクロな問題は捉えられるが、マクロな問題は捉えられないという批判がされることがあります。ひとつの事例をディテールを捉えて書くことはできても、問題の大きな構造は見過ごす、という批判です。

たしかに、エスノグラフィはマクロな構造をそれ自体で描くことは難しい。デスモンドのエスノグラフィは、アメリカの住宅市場の構造の中で、もっとも脆弱な位置にある貧困層のシングルマザーを捉えたものです。そこではシングルマザーのアーリーンの置かれた世界をありありと理解することができますが、住宅市場全体の構造それ自体は書かれていません。それを書こうとすれば、エスノグラフィではなく、量的に分析をするしかないでしょう。

では、デスモンドの研究は、あくまでミクロな次元にのみ収まったものなのでしょうか。必ずしもそうではありません。

というのも、アーリーンというひとりの女性が生きるための闘いの模様には、たくさんのマクロな次元の問題が入り込んでもいるからです。信用スコア、家主の存在、世界的な金融市場の動向などが深く関係しているのです。

デスモンドが克明に描いたミクロな世界は、同時にマクロな動向が深く入り込んだ中で形成されたものでもあるのです。多くのエスノグラファーは、こうした**構造的条件を見て取れるようなミクロの世界**をフィールドに設定することが多いです。デスモンドで言えば上記のような構造的条件になるし、私のマニラを事例にしたエスノグラフィで言えば、都市と農村の経済機会格差であったり、あるいは植民地支配の歴史であったりします。
これに関して、松田素二と川田牧人による次の文章を引いておきましょう。

目の前にある現実は、じつはそれまで作用してきた幾層もの歴史的展開の結果編成された現在形であるはずだ。このフィールドに幾重にも刻み込まれた歴史を読み解くことなくして、現代エスノグラフィーは成立しない。

（『エスノグラフィー・ガイドブック』16頁）

フィールドは真っ白なキャンバスではなく、すでに「幾層もの歴史的展開の結果編成された現在形」なのです。
この点はまた、生活史の分野で質的社会調査研究を牽引する岸政彦が、生活史は「歴史と構造のなかで人びとがどう生きてきたかを描くことにある」と記したことと関連するでしょう（『マンゴーと手榴弾』）。人びとが、ただ生きてきただけではなく、「歴史と構造の中で」生きてきたことを書く。だから、ミクロの世界でありながら、そこには**マクロな構造的条件**が入り込んでいるのです。

## †バンコクのバイクタクシー

**ミクロとマクロの接続**という点について、きわめて巧みなエスノグラフィを紹介しておきましょう。イタリア出身の人類学者であるクラウディオ・ソプランツェッティが、タイのバンコクでおこなったバイクタクシー運転手の研究です。

この本では、バンコクを走るバイクタクシー運転手の日々の生活の模様が描かれています。多くはタイ東北の農村部の出身者で、バンコクに出稼ぎに来て、バイクタクシーを運転しています。

重要なのは、バイクタクシーが**政治運動の重要な主体**でもあった点です。タイでは2010年に民衆蜂起が生じ、反王党派であった反独裁民主戦線がバンコクの中心部を占拠しました。彼らは王党派の「黄シャツ」に対するかたちで「赤シャツ」を成していました。バイクタクシー運転手たちは、この「赤シャツ」の側に回ったのです。

かれらは、いつもバイクでバンコクを駆けめぐっていて、バンコクの地理をよく知っています。バイクで縦横無尽に駆け回り、「赤シャツ」の要人たちや物資を各所に送り届けると同時に、場合によっては列を成してゆっくり走ることで、意図的にバンコクの街で渋

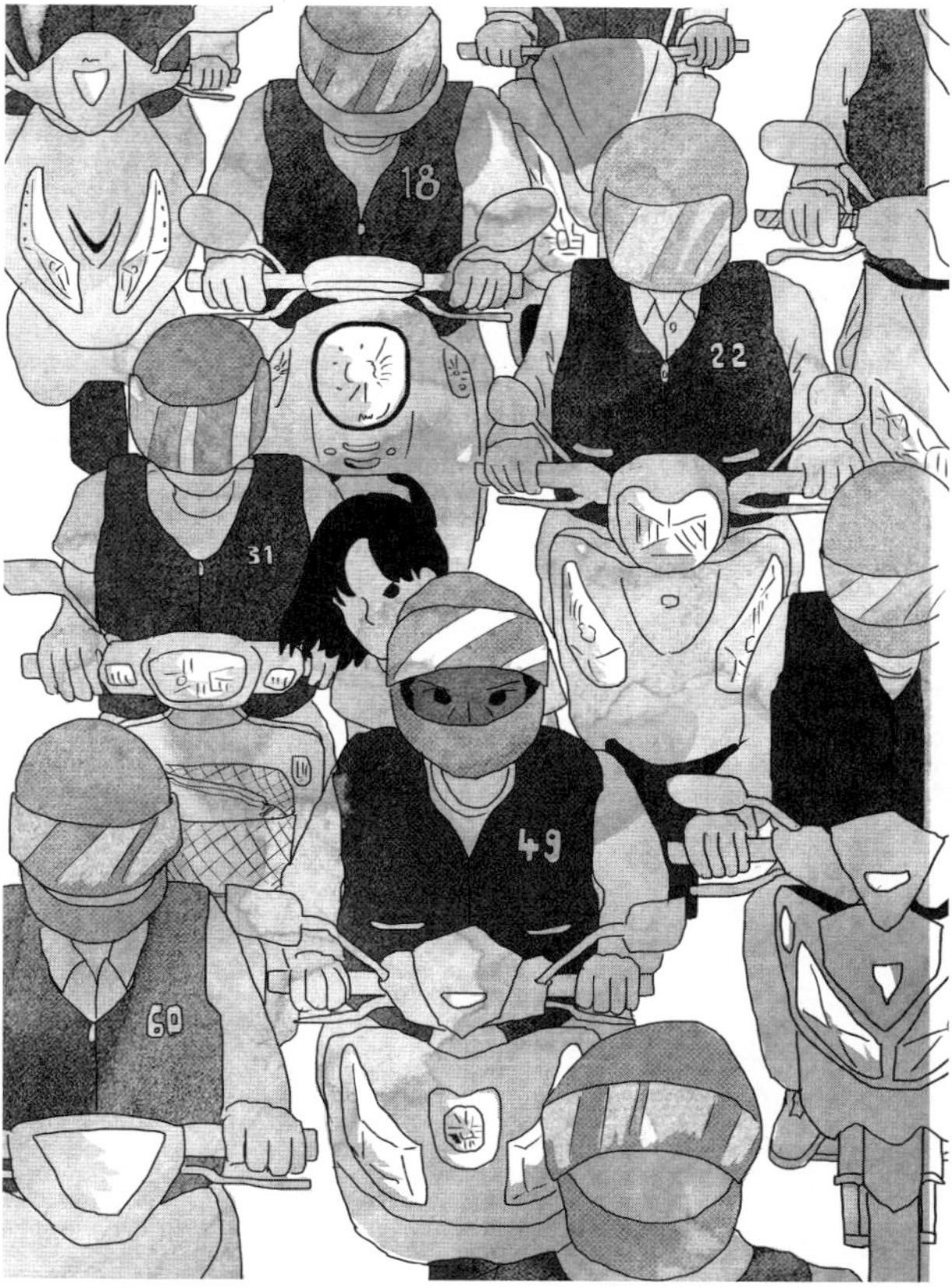


バンコクを走るバイクタクシー

滞を作り出したりもしました。蜂起の際に出たケガ人を、すみやかに安全な場所に送り届けたのも彼らでした。

バイクタクシー運転手たちの活躍は目を見張るものがありました。今日のバンコクは、人やモノが大量に高速で輸送されることで、はじめて都市機能が維持されているからです。これは経済地理学者のデヴィッド・ハーヴェイが**「時間‐空間の圧縮」**と呼んだテーゼと関係します。この高度資本主義の社会において、人やモノの流れがストップすれば、あっという間に都市機能はシャットダウンします。民衆蜂起の場面においては、通常の輸送機能がストップしますが、そうした中で小回りの利くバイクは活躍しました。

ソプランツェッティは、みずから「赤シャツ」のテントでバイクタクシー運転手と一緒になって民衆蜂起に参加します。他の赤シャツ部隊と一緒に彼もまた、最終的には警察に捕まってしまうのですが、その後は無事に釈放されます。彼は、赤シャツと共に過ごした時間を克明なエスノグラフィとして書き上げました。

ポイントは、バイクタクシーという限られた対象でありながら、その限られた対象が、いかに巨大都市バンコクの**都市機能を支える「モビリティ」**――モノや人の可動性のことです――の一部となっているかということでした。バンコクがバンコクとして日々存在するためには、移動機能がきちんと稼働していなければなりません。バンコク市民が、朝に通勤し、夕方に帰宅できるのは、バスや鉄道、そしてバイクタクシーがきちんと動いてくれるからです。

　通勤だけではありません。Amazonのように、いまでは世界中の買い物がネット通販でおこなわれるようになっています。そしてバイクタクシーは、バンコクにおいては、間違いなく人の輸送でもモノの輸送でも重要な移動機能の一部を成しています。

　つまり、バイクタクシー運転手は、マクロの都市機能や「時間－空間の圧縮」といった現代資本主義の特徴にまで射程が届く研究上の対象なのです。きわめてミクロの記述なのですが、そこを突き詰めれば、マクロの構造的条件まで議論を到達させることができる。

　そうしてソプランツェッティは、すぐれた観察眼と見事な文体で、バイクタクシー運転手の日常生活を描き、そこからハーヴェイやさらには哲学者アンリ・ルフェーヴルの「空間の生産」というテーゼにまで議論を展開させるのです。バイクタクシーの日々のディテールが書かれながら、そこから破綻なく、一挙に哲学の議論まで跳躍する。

　このようにすぐれたエスノグラフィは、必然的に**ミクロの世界と同時にマクロの世界を射程に入れて**記述と考察を展開しています。

## †エスノグラフィとルポルタージュ

最後に、エスノグラフィとルポルタージュ（あるいは報道記事）との関係を記します。

エスノグラフィといっても、本書で示しているのは「あるひとつの」エスノグラフィのやり方ですので（「はじめに」の"An" Invitationという箇所に立ち還ります）、エスノグラフィ全般を本書が語るわけにはいきません。同じことは、ルポルタージュにも当てはまります。その内容には千差万別の中身や構成があるでしょう。

そのことを踏まえたうえで、ひとつの論点を提示します。エスノグラフィは**時間をかけることが許された手法**であるという点です。10年間もひとつの事例を調べるというのは、時間をかけることが許されなければできないことです。エスノグラフィは、学術の営みの中でできあがった方法であるため、時間をかけることが前提になっています。

これは経済的条件とも関係しています。私たち社会学者が、長期にわたって調査を継続できるのは、それをおこなうための時間や資金を、何らかのかたちで取得可能になっているからです。具体的には、大学や国家からそれが与えられるからです。

与えられるといっても、自動で与えられるのではなく、多くの場合、長文の研究計画書を執筆して、研究助成金を取得するための公募プログラムに応募し、それが採択されれば研究資金を手にすることができるというものです。文部科学省の科学研究費の採択率は3割弱のことが多いので、応募したプロの研究者のうち、3人に1人も取得できないような厳しいプログラムになっています。ですが、多くの研究者はこの科学研究費を取得することで、研究費としています。

私の場合、この科学研究費は3年間の研究計画で提出することが多いです。採択されれば、3年間の研究費を取得できます（だいたい1年間あたり100万円ほどの研究費を受けるので、3年間で300万円前後になることが多いです）。この予算を使って、現地調査に行ったり、国際学会で発表をしたり、文献やパソコンを購入したりします。

ここでポイントになるのは、3年間ほどの**中期的なプランを立てることができる**点です。つまり数年の時間をかけて研究に取り組むことができるわけです。

しかしながら、ジャーナリストや報道記者と話をすると、ルポルタージュの場合、これほど悠長な時間を取材にかけていられないという実情があるようです。情報の最前線は刻々と変わるし、取材に使える予算もどんどん制限されていく。短い時間でエッセンスを取り出すような記事を書くことが求められる仕組みがあるのでしょう。

こうした取材の仕方だと、どうしても目につきやすい最前線の動向を書かざるをえなくなります。「劇的な事件」【↓第3章】に目がいってしまうかもしれません。

私がマニラで立ち退きや家屋の強制撤去の調査をしていた際、現地のジャーナリストや新聞記者も取材をおこなっていました。かれらはいま起こっていることを伝えなければならないので、つねに変化を書くことを求められていました。昨日とは違った動きとして何があったのか、ということです。

一方で、社会学者は、**もっと長いスパンで物事を見る**ことが可能です。それは情報の最前線ではなく、そこに通底する人間の生活のありようを捉えようとするからです。

このようにエスノグラフィとルポルタージュでは、扱うことが可能な時間のスパンが異なる傾向があるかもしれません。エスノグラフィは、時間をかけることができるからこそ、ありふれた「生活を書く」ことが可能になっているとも言えるでしょう。

ここで私が言いたいのは、何も学術の名でもって、エスノグラフィを特権化しようということではありません。事態はむしろ逆です。時間をかけることを可能にする条件としての学術について、私を含めたエスノグラファー自身がきちんと考える必要があるという点です。エスノグラフィについて考えることは、時間をかけて仕事を成すことについて考えることであり、それはまた**学術の営みとは何か**を考えることでもあるのです。

というのも、昨今では、学術の場においても、すぐに成果を出すことが求められるようになったからです。こうした動向は、科学研究費の採択の指針や、さらには民間助成金においても支配的になっているように思われます。

その研究計画が、どのように短期的に役に立つのか。さらにはどんな成果が毎年出される予定なのか。こうした点が強調されるということは、学術ゆえに時間をかけた丁寧な仕事の可能性を奪い取ることでもあります。

学術とは、本来、すぐに成果を出すことへの圧力から身を守り、**時間をかけて調べることを可能にする営み**のことでしょう。エスノグラフィ調査をおこなったけれども、有意義な論点を打ち出すことができず、すぐには論文化することができなかった。

このようなことは、よくあることです。でも、それは時間のムダだったことを意味しません。その経験がまた、次の仕事の基礎になるからです。

エスノグラフィについて考えると、時間をかけて仕事をすること、およびそれを可能にする条件を考えることに行き着きます。

## †本章のまとめ

本章では、エスノグラフィに対して、よく出される疑問点を出しながら、それらへの私なりの応答を試みてきました。要点をまとめると、以下のようになります。

・エスノグラフィは「事例を説明する」というよりも「事例を通して説明する」ことをねらいとする。
・エスノグラフィにおいて求められるのは、客観性ではなく、客観化の作業である。
・エスノグラファーは、ミクロの世界を注視するが、その世界は同時にマクロな歴史と構造によって構成されていることに自覚的である。

さて、本章の内容を、これまでの各章から受け継いできたエスノグラフィの手法上でのポイントに付け加えましょう。以下のようになります。

エスノグラフィは、経験科学の中でもフィールド科学に収まるものであり、なかでも**①不可量のもの**に注目し記述するアプローチである。不可量のものの記述とは、具体的には**②生活を書く**ことによって進められる。そして生活を書くために調査者は、フィールドで流れている**③時間に参与する**ことが必要になる。こうしておこなわれたフィールド調査は、関連文献を**④対比的に読む**ことで着眼点が定まっていく。そうしてできあがった**⑤事例の記述を通して、**特定の主題（「貧困」「身体」など）についての洗練された説明へと結実させる。

これでエスノグラフィの手法上のポイントができあがりました。①不可量のもの、②生活を書く、③時間に参与する、④対比的に読む、⑤事例の記述を通した説明。これら5つのキーポイントが網羅されていれば、そこにすぐれたエスノグラフィが生み出される――これが私なりの結論です。

## コラム6　部活動におけるケガの社会学

著者は、大学のソフトテニス部に所属していました。競技を10年間続けていましたが、大学2年のときに右手首に負ったケガの影響でプレーができなくなりました。ケガを負ったまま、3年次には主将になりチームをまとめました。卒論の冒頭には、次の記述があります。

本研究を書くきっかけとなったものとして大学3年の時にゼミで読んだ杉田昭博の編著である『スポーツ障害から生き方を学ぶ――ケガをめぐる競技者たちの語り』があげられる。ゼミでこの著書が扱われた当時、ケガに苦しんでいた筆者にとって、ケガについて障害学から捉え、筆者と同じくケガの経験をしていた競技者たちの語りをもとに書かれているこの著書の内容は非常に感銘を受けるものがあった。

ゼミでたまたま取り上げた輪読書が、著者には想定以上の影響を与えました。ケガの経験とは、単にフィジカルな傷害にのみとどまるものではありません。チーム内での居場所や地位を喪失する社会的経験でもあります。

著者は、ケガを経験した11名の大学生アスリートに非構造化式のインタビューをおこない、その特徴を描きました。たとえば、こんな語りが引用されています。

1年の時とかはケガも何なのかはっきりしてなかったし、一番下だったのもあって先輩の中にはそんなに痛いのかって反応する人はいました。

（Aさん、ソフトテニス部）

ケガしても別メニュー認められないんですよね。結構きついんですよ。大きいケガしたら動けないから、ほんとに座ってるだけ、3時間。つらいですね。だいぶしんどいですね、あれで結構メンタルいかれます。

（Bさん、サッカー部）

インタビューから明らかになったのは、著者が「ケガの無理解性」と「ケガの状況規定性」と呼ぶものでした。

「ケガの無理解性」とは、ケガの痛みがチームメンバーと無条件に共有されるものではないことを指します。痛くて練習を休んでも「あいつはサボっている」と負の烙印が押されることがあります。「みんな痛みを隠して頑張って練習してるんだ」と先輩に言われ、痛みを口にできなくなることもあります。個人化されていく痛み。ひとりですべてを背負い、処理しなければならなくなっていきます。

「ケガの状況規定性」とは、ケガ人がどのように処遇されるかは、チームの秩序やチーム内の地位によって変化することを指します。レギュラー格の選手がケガをすれば、「チームとして大変なことだ」と意味づけされます。試合までに復帰できるようなサポート体制が作られる。しかし、補欠選手や入部まもない1年生の場合、「自分で治しておいて」という処遇になります。「あなたに構っていられない」という対応になるのです。選手としての活動をあきらめ、サポート役に回ってもらう案が出されたりもします。ひと口にケガと言っても、誰がどのような状況でケガをしたのかによって処遇が異なるのです。

この卒論は、エスノグラフィではなくインタビューの手法で書かれました。ですが、著者自身が体育会の部活になじんでいることもあって、みずからの経験とすり合わせるように対象者の語りを聞き取っている様がよく伝わってくる内容でした。

（2016年度北海道大学卒業論文）

# おわりに――次の一歩へ

エスノグラフィとはいかなるものかを**体感すること**。

「はじめに」で述べたように、本書はこの点をねらいとしてきました。抜き出したエスノグラフィの重要な箇所――『ストリート・コーナー・ソサエティ』のボウリングの場面や『家を失う人々』のシングルマザーの強制退去の場面――を読み返してみると、だんだんとエスノグラフィのイメージが湧いてくるはずです。

本書で取り上げることのできなかった論点もたくさんあります。たとえば、エスノグラフィをめぐる議論で頻繁に指摘される「厚い記述」とは何か。社会調査で重要とされる「仮説」はエスノグラフィの場合どう設定されるのか。事例を分析する際の「コード化」の仕方はいかなる手順を踏むか。

こうした点については、次の一歩として、ぜひ読者のみなさん自身で考えを深めていってください。このあとに続く「あとがき」には、みなさんの次の一歩に伴走する良質な著作をあげておきます。

私は本書を、エスノグラフィの**おもしろさを伝えるため**に書きました。「はじめに」でも述べましたが、想定する読者としては、社会学専攻の学生だけを念頭に置いているわけではありません。

私の前任校だった北海道大学には、遠友学舎《えんゆう》という建物がありました。働くことに必死で学ぶことが叶わなかった人びとに向けて、前身の札幌農学校の教員が、夜間に自主開講した「遠友夜学校」にちなんで建てられたものです。

私はその精神が（かつて）息づいていた大学で教壇に立つことを、ひそかに誇りに思っていました。入門書を出すなら、その精神のひそみにならうものを書きたいと思っていました。本書を書きながら思い起こしたことととして、ここに記しておきます。

本書を締めるにあたって、この「おわりに」では、第一に学ぶということ、そして第二にエスノグラフィが人びとの受苦を捉えることについて書き添えます。

## †学ぶこと

**学ぶことは、わからなくなること**です。わかるようになるだけでなく、どんどんわからなくなる。

本書で記したように、私は学部生のときに社会学に出会いました。講義を聞き、紹介された本を読み進めると、どんどんわからなくなっていきました。怖かったとも言えます。安定して存在しているように思えた社会的な事柄が、学ぶ過程で崩れていくからです。認識の足場が取り去られていく思いでした。

その感はいまも続いています。わからなくなりながら、それでもわかるために、私は講義をおこない文章を書いているふしがあります。**話しながら、書きながら、考える。**

エスノグラフィも同じです。いろいろなやり方があり、人によって得手・不得手があります（スポーツでも音楽でも何でもそうでしょう）。突撃で話を聞きにいくのは得意だが、フィールドノートを書き溜めるのは苦手である。文字起こしは苦痛なくできるが、調査先にアポイントメントを取るのは緊張して先延ばししてしまう、などです。自分の得意なものを活かして調査を進めるしかないのですが、その得意なものも、次第にやり方がわからなくなることがよくあります。

私はインタビューより参与観察のほうが得意です。場面を描くというスタイルが好きなのです。だから、一緒にボクシングなどをやらせてもらいながら、体感を大事にして場面を書き、現場の何気ない言葉を拾ったりする。

けれども、そういったやり方も、進めていくと、壁にぶつかります。場面といってもそれは私から見た場面であって、きわめて主観的な幻想に過ぎないのではないか、という疑念などが登場します（この点についての私なりの応答は第6章で記したとおりです）。

そうすると、今度は、インタビューで論文を書くというスタイルを試してみることになります。語りは、話者が確実に語ったものなのだから、それは私の主観的な幻想ではなく確かなものである、という見解のもとに。でも、語りを用いても、それを論文や本で解釈するのは私であって、結局、それもまた幻想的解釈の手からは逃れられない。そんなことを感じるようになります。わからなくなるのです。

このように、調査をやればやるほど、そのやり方がわからなくなるわけですが、実はその点にこそ、学ぶことのエッセンスがあるとも言えます。**不明なものが判明になるだけでなく、判明だったものが不明になっていく。**その両極のあいだを揺れ動きながら、学びは進んでいくのだと、私は考えるようになりました。

学ぶことの大きな敵は**「スッキリする」ことを求める態度**でしょう。エスノグラフィについて講義をすると、学生や聴講生のみなさんから、いろいろな質問が出されます(これも第6章の冒頭に記したとおりです)。私が返答すると「なるほどスッキリしました」と返してくれる学生も多いです。でもその「スッキリ」は長続きするものではないようです。

卒論などでやや長い時間をかけてエスノグラフィに取り組むと、学生たちはその都度の疑問に対する私や他のゼミ生からの返答を耳にしても、スッキリすることは少なくなり「自分が何をやっているのかわからなくなる」感覚を持つことが多いようです。そして、こうした**わからなさの感覚と隣り合わせ**で書き上げられた卒論は、充実した内容に仕上がることが多いのです。

わからないことがあると、誰かに正答を与えてもらうことで、スッキリしたい。この感覚は私の中にもあります。しかしスッキリして終わると、次なる一歩への動因が封じられてしまいます。スッキリしない、つまりわからないからこそ、次の一歩が踏み出されるのです。

本書についても、同様の姿勢で、読んでもらえると幸いです。わかったこと、スッキリしたことがあれば、著者としてうれしいですが、同時に、わからなくなったことが出てくれば、ぜひその感覚を大事にして、次なる一歩を進めてください。

文献を読み進めたり、社会学や人類学を専門にする先生の研究室を訪ねたり、エスノグラファーが登壇する書店でのトークイベント（最近増えてきました）に参加してみるのもよいでしょう。あるいは、本章の各コラムで示したように、卒論をエスノグラフィの方法でみずから取り組んでみてください。

学ぶとは、そうして一歩ずつみずからの足で、わからなさの道をわかるようになるまで進む意志なのです。

## †受苦を生きる

もう一点、触れておきたいのは、エスノグラフィは**なぜ困難を生きる人びとを取り上げる傾向性をもつのか**という点です。

本書でも、マニラのスラム住人（私の事例）、ボストンのギャング団（『ストリート・コーナー・ソサエティ』）、ナイロビの都市出稼ぎ民（『都市を飼い慣らす』）など、貧困や差別といった困難に直面しながら生活を送っている人びとの例が登場しています。

これに対する私の考えは、二点あります。

第一に、困難を生きる人びとをめぐっては、**統計データや資料が稀少である**という点です。よって、調査者みずからがエスノグラフィ調査をおこなう必要が生じます。

たとえば、農業については、農業センサスという詳しい統計が発行されています。図書館に行けば、膨大な文献に出会うこともできるでしょう。では、農業に従事する外国からの技能実習生についてはどうでしょうか。

長野県は高原野菜（レタスや白菜など）の産地ですが、生産現場には多数の技能実習生が携わっています。こうした技能実習生についてはデータも少ないので、その現実を知るにはエスノグラフィ調査が必要になります（飯田悠哉「OFWの身体に対する「遅い暴力」——農村男性の出稼ぎ先における痛みをめぐって」はこの点についてのすばらしい成果です）。このように既存のデータが少ないから、みずからデータを生み出すためにエスノグラフィ調査をおこなうというのが、ひとつ目の回答です。

第二に、周辺から捉えることで、**社会を別の仕方で捉える**ことができる点です。明るいところに立つと暗いところは見えませんが、暗いところに立つと明るいところがよく見えます（この明るい／暗いというたとえは、社会学者の金菱清さんが拙著『タイミングの社会学』

に寄せたコメントで登場したものです)。光のあたる華々しい中心的世界に身を置くのではなく、影とされる場所から光の側を見つめることで社会を可視化する。困難を生きる人びとの現実に学ぶのは、こうした視座転換をおこなうためです。

私は、以前に**「解釈労働」という概念**を援用しながら、この視座転換について論述しました。マニラで住み込みの家政婦として働く人の例から説明します。

家政婦は主人の顔色をいつもうかがっています。朝起きた主人が、階段を降りてくる様子やその足音、妻との会話の雰囲気、そうした機微を瞬時に把握して、家政婦は主人の機嫌を察知します。家政婦は主人にたやすく話しかけることはできません。ですから、主人の一挙手一投足を観察し、主人の頭の中の状況を先取り的に「解釈」しつづけながら、細心の注意を払って行動します。

主人は家政婦の頭の中をまったく解釈する必要がありませんが(気に入らなければ雇い止めにするだけです)、家政婦は主人の頭の中を絶えず解釈し続けなければなりません。そこで生きるためにです。これが「解釈労働」です。

重要なのは、家政婦は精神をすり減らすような日々を生きながらも、同時に現実を捉える圧倒的な鋭さを解釈労働を通じて鍛え上げる点です。その家の現実を、主人よりも家政

家政婦は主人の頭の中を絶えず解釈する

婦のほうが知っている場合も少なくありません。主人はその家のボスとして君臨しているため、家の中の細部まで意識を向ける必要がないのです。

でも、家政婦は、生き延びるために、あらゆる細部まで網羅している。**家政婦は見ているのです。**だから、その家で何か事件が起こった場合、警察は即座に家政婦に事情聴取をするでしょう。家政婦は、主人にたやすく話をできないにもかかわらず、驚くほど主人たち一家の生活のディテールを語り出すでしょう。

ここには重要なヒントが潜んでいます。困難を生きる人びとは、社会的には「周辺」に追いやられていることが多いです。そうして「周辺」に生きることは「中心」を占める者が考えなくてもよいことを考えざるをえない環境下に置かれることです。学校でクラスの中心として輝いている者は、教室とは何かについて思考することを要求されません。でも、教室が苦痛でしかない者は、教室とは何かを考える必要が生まれます。

エスノグラフィが困難を生きる人びとに注目するのは、そうした人びとが解釈労働を通じて鍛え上げた「ものの捉え方」に倣おうとするからです。困難を生きることは、その困難を押し付ける社会状況に対しての鋭い観察眼を鍛え上げることでもあるのです。

かわいそうでもたくましいでもない。人びとが**生きるために身につけた観察眼を借りて**

社会を見つめ返すのです。

### †楽しみと苦しみ

以上の点は、エスノグラフィが、人びとの**楽しみよりも苦しみに焦点を置いて**書かれてきた歴史とも関係します。

第4章および第6章で取り上げたオスカー・ルイスは、メキシコの村であるテポストランで長期の住み込み調査をおこなったことがあります。同じ村では、ルイスに先立って、ロバート・レッドフィールド（シカゴ大学教授の人類学者です。SF作家カート・ヴォネガットの師でもありました）が長期の調査をおこなって著作を出版していました。

レッドフィールドは、その村を調和的で豊かな人間関係を備えた世界として描きました。それに対して、ルイスは、その村にうずまく村人同士の対立や土地を持たない農民たちの貧困を強調しました。同じ村での調査にもかかわらず、両者はまったく異なった性質を記したのです。

ルイスは、レッドフィールドとの違いをこう整理しています。レッドフィールドは「人びとが何を楽しんでいるのか？」を問うたが、自分（ルイス）は「人びとが何に苦しんでいるのか」を問うたと言うのです。そしてこう主張しました。

人びとが何に苦しんでいるかに関心を持つことは、楽しみの研究よりもはるかに重要であると私には思える。というのも、そのほうが、人間の条件、紛争の動態、変革の力について、より生産的な洞察が得られるからである。楽しみに焦点を当てると、概して、社会の静的な把握にしかつながらない。（Lewis 1970: 252）

次なる一歩を踏み出すのは、楽しみではなく——これは社会の静的な把握に陥ります——苦しみを動因にすることによってなのです（なおこれに対するレッドフィールドの真摯な応答については『未開世界の変貌』第6章をご覧ください）。ルイスの上記の文章を読んで以来、私はこの点を重視してきました。

**苦しみとともに生きる人びとが直面している世界を表し出す**。そこにエスノグラフィのもっとも良質な成果が宿るのです。

# あとがき——読書案内をかねて

第1章で取り上げた『フィールド調査の十戒』の著者、ローランド・ギルトラーさんと楽しく会話をしたことがあります。場所は、ウィーン中心部にあるカフェ・ラントマンというコーヒーハウスでした。かつてマックス・ヴェーバーとヨーゼフ・シュンペーターというふたりの学者が、ロシア革命の評価をめぐって、大喧嘩を繰り広げたとされているお店です。

ルーマニアでのエスノグラフィ調査からヴェーバーの喧嘩の模様までを、切れ目なく語り出す老教授ギルトラー。その話術に魅了されながら、私はあらためてエスノグラフィとはいかなるものであるのかを考えていました。

地べたを這うように調査をすること。同時に、それを社会学なり人類学の議論の枠組みに関連づけること。ディテールと理論、この両極のあいだに生まれる張力を逃さずに、人びとの生活を書く。そんな探究にエスノグラフィの醍醐味があることを、このときの会話を通じて確認しました。

だとすると、エスノグラファーは、フィールドでの参与観察とあわせて、本を読む必要があります。ディテールを関連づける枠組みは、フィールドと読書を往復することで見えてくるからです。本を読むことは、エスノグラファーにとって重要な練習です。

そうした練習の一環として、ここではさらに勉強したい方に向けて、エスノグラフィをめぐる代表的な著作を紹介します。①エスノグラフィの基礎的知識をめぐる教科書、②エスノグラフィ調査の体験談を記す著作、③エスノグラフィ作品そのもの、という大きく3つに分けて記します。

第一に、エスノグラフィの基礎的知識をめぐっては、フィールドワーク全般について記された、

**●佐藤郁哉『フィールドワーク増訂版——書を持って街へ出よう』新曜社、2006**

が定番の一冊です。『暴走族のエスノグラフィー』という有名な本の著者が、フィールド

ワークのやり方と分析の仕方をめぐって、項目別に記した著作です。気になった項目を引いて読む手引書として活用できます。

エスノグラフィに限った内容としては、

**・小田博志『改訂版エスノグラフィー入門――〈現場〉を質的研究する』春秋社、2023**

が良質の教科書として版を重ねています。こちらは項目別ではなく、実際の調査プロセスに沿った目次となっています。「現場を選ぶ」「現場に入る」「現場調査をする」「分析する」といった章タイトルに表れているように、手順に即して調査のやり方を学ぶことができます。また「概念力をきたえる」という章も置かれていて、現場で見聞きしたことを言葉にするコツにも力点が置かれています。

エスノグラファーは透明人間ではありません。生身の人間である以上、その人間が身につけてしまっている偏見や憶測が、対象を把握する際に持ち込まれることがあります。そうした事態を反省的に捉えるためには、

**・藤田結子＋北村文編『現代エスノグラフィー——新しいフィールドワークの理論と実践』新曜社、2013**

が参考になります。項目別に記された教科書で「ポジショナリティ」「フェミニスト・エスノグラフィー」「オートエスノグラフィー」といった項目が置かれています。特に、英語圏における議論の動向を知るうえで有用です。

エスノグラフィが「書く」ことを前提にした実践であることは、本書で強調したとおりです。「書く」という営みについては、

**・ロバート・エマーソン＋レイチェル・フレッツ＋リンダ・ショウ著『方法としてのフィールドノート——現地取材から物語《ストーリー》作成まで』佐藤郁哉＋好井裕明＋山田富秋訳、新曜社、1998**

が重要です。原題は *Writing Ethnographic Fieldnotes* ですが、これは明らかに文化人類

学の領域で大きな影響を与えた、ジェイムズ・クリフォードとジョージ・マーカスが編集した *Writing Culture*（邦訳は『文化を書く』紀伊國屋書店、1996）という論集を意識したタイトルです。『文化を書く』では、特権的な位置にあるエスノグラファーが、フィールドに住む「かれら」を、まるで全能の知でもって一方的に表象することの問題性が指摘されました（これに対する重要な再批判としては、松田素二『抵抗する都市』岩波書店、1999の結章を参照）。クリフォードらの議論は社会学にも影響を与えました。

エマーソンたちは、クリフォードらが、本や論文といった最終刊行物を「書く」レベルに議論を中心化していることを批判しました。エスノグラファーは、最終刊行物だけでなく、その手前でたくさんのフィールドノートやメモも書きます。書くという実践をもっと細かく分けて、各段階で実際にエスノグラファーは何を書いているのか、ということを考察したのがこの本です。この本を読むと、フィールドノートの付け方がよくわかります。私は大学院時代に、ゼミでこの本を輪読しましたが、とてもよいトレーニングになりました。

読者のみなさんの中には、文章を書くのが苦手という方もいるかもしれません。でも、おそれないでください。本書を手に取っている時点で、文章を読むこと、書くことへの好

奇心が開かれていることが証明されています。書くことについては、

**・津村記久子『苦手から始める作文教室――文章が書けたらいいことはある？』ちくまQブックス、2022**

がおすすめです。女性が働くことをめぐって、数々の小説を世に送り出してきた芥川賞作家による作文教室です。日々の生活において、本当に感じたことを文章にしてみる。率直に文章を書く。自分を大きく見せようと思ってはダメです。多少文の組み立てが不恰好でも、そうすれば、おもしろい文章になることを教えてくれます。

第二のエスノグラフィ調査の体験談を記す著作へと移りましょう。社会学、人類学、民俗学など専門を異にする人びとが、それぞれの調査体験を記した、

**・新原道信編著『人間と社会のうごきをとらえるフィールドワーク入門』ミネルヴァ書房、2022**

は読み物としてもおもしろいです。第1部では、プロの研究者がみずからの調査経験をふりかえっています。第2部では、院生たちが調査に格闘した模様を書いています。執筆者のフィールドも、国内から外国まで幅広いです。

学部生の調査経験をめぐっては、

**・菅原和孝編『フィールドワークへの挑戦――〈実践〉人類学入門』世界思想社、2006**

が参考になります。京都大学総合人間学部の全学共通科目「社会人類学調査演習」を受講した学生たちのレポートをふんだんに紹介しながら、学部生たちがどんな興味や関心を持ち、どのようにフィールドワークに体当たりで挑んだのかが書かれています。

学部生による調査で難航するのが、テーマ選びです。何を調査すればよいのかがわからない。この本を読むと、調査テーマの具体例を思い描けるようになります。漬物屋の作業場、歩く看板であるサンドイッチマン、チベットでの鳥葬。いっけん、潜入ルポ的にみえる内容を、いかにオーソドックスな社会学や人類学の手つきで料理できるか、ということの重要性もわかります。

調査経験を踏まえて調査方法論にまで高める試みとしては、

**・岸政彦＋石岡丈昇＋丸山里美著『質的社会調査の方法――他者の合理性の理解社会学』有斐閣、2016**

があります。ホームレスの人びとを調査する過程で、ホームレス生活者から部屋に泊めてほしいという依頼があったとき、調査者はどうふるまったのか。重要な出来事を目撃したが、なんらかの理由でそれを「書けない」場合、どのように対処したのか。具体的な経験談をもとに、質的社会調査の方法論が考察されています。さらに、インタビュー調査は、「頭の中に情景を描きながら聞く」必要があることなど、調査の実践感覚に触れることもできます。

第三のエスノグラフィ作品ですが、古今東西たくさんの成果があります。日本語で読めるもので、比較的入手しやすいものを中心に紹介します。

エスノグラフィは、他者につながろうとする実践です。その態度に触れるうえで、

- **打越正行『ヤンキーと地元——解体屋、風俗経営者、ヤミ業者になった沖縄の若者たち』筑摩書房、2019**

は重要です。国道58号線を深夜に駆け抜ける暴走族とそれを見守るギャラリーたち。著者は10年もの時間をかけて、暴走族上がりの若者が、どのように働き、こどもを産んで育て、地元のつながりを活かしながら（あるいは断ち切りながら）生きているのかを記述しました。安易に解釈しない。これが大切です。

参与観察をおこなうのが、むずかしいフィールドもあります。そのうえで、いかにしてエスノグラフィ調査をおこなうのかをめぐっては、

- **丸山里美『女性ホームレスとして生きる〔増補新装版〕——貧困と排除の社会学』世界思想社、2021**

が参考になります。この本には、エイコさんやタマコさんなど、女性の野宿者の生活の模

様が記されています。

エスノグラフィはこわいものです。具体的な記述には、必ず、エスノグラファーとフィールドの人びととの関係性が滲み出るからです。「人びとの声を収奪するようなエスノグラフィは植民地主義的だ」といった主張を学会で声高におこなう人が、具体的なフィールド記述においては、机上でこしらえた仮説に「人びとの声」を当てはめるだけということもあります。スローガンを言うだけでなく、やってみせる必要があります。

ではどういった記述が、エスノグラフィに求められるのでしょうか。この本にはそのヒントが埋め込まれています。立ち入らず、立ち去らず、関係性を試行錯誤しながら、ようやく紡がれる言葉や行為というものがあるのです。

苦しみとともに生きる人びとが直面している世界を表し出す。この点をめぐっては、

**●ジョアオ・ビール＋トルベン・エスケロゥ『ヴィータ――遺棄された者たちの生』桑島薫＋水野友美子訳、みすず書房、2019**

が示唆に富みます。「ヴィータ」とは、ラテン語で「生」のこと。この名前を冠した保護

施設がブラジルのポルト・アレグレ市にあります。著者のビールはその街の出身の人類学者で、この施設に生きるひとりの女性、カタリナと出会います。カタリナは「狂っている」と親族から判断されて、この施設に置き去りにされた若い女性です。過剰な投薬などがおこなわれたこともあり、彼女の身体は衰えていきました。

彼女の生には、いろいろな性的関係がつきまとい、彼女の存在を社会的に抹消したり遺棄したりする親族の実践がある。カタリナは亡くなりましたが、彼女が社会的に遺棄されていたのだとすれば、その人生を書き残すことは、そうした遺棄の力に対抗することでもあります。

なお、社会的な死をめぐっては、エスノグラフィではなく歴史社会学の作品になりますが、**オルランド・パターソン『世界の奴隷制の歴史』奥田暁子訳、明石書店、2001**という名著があることを補足しておきます。原題は*Slavery and Social Death*(『奴隷と社会的な死』)で、社会的な死をめぐる全814ページにおよぶ金字塔的な著作です。いつか自分もこんな仕事を達成したいと思わせる、そんな作品です。

そして最後に、本書で何度も触れましたが、

**•ウィリアム・ホワイト『ストリート・コーナー・ソサエティ』奥田道大+有里典三訳、有斐閣、2000**

をぜひ読んでみてください。第1部のドックの話もおもしろいですが、第2部の大人たちの世界の話も興味深いです。お金や力を使っていかに子分を取り込むか、などの記述も、今日に通ずるものがあります。「金をばらまく」という表現がありますが、ただばらまくだけでなく、いかにしてばらまくかが重要なのです。そして、本文を読み終えてから、アペンディクスを堪能してください。

＊

本書は柴山浩紀さんにお声がけいただき、執筆の機会を得ました。ホワイトの『SCS』をめぐって、ふたりでいろいろと語り合いながら、本書の骨子ができあがっていきました。

書き上げた原稿を送るたびに柴山さんは、気になった用語や論点に関して、プリントアウトされた原稿の余白部分にメモ書きをつけるかたちで送り返してくださいました。全体の感想を伝えるだけでなく、一文一文とリズムを合わせてメモをつけてくれる人がいる。ボクサーの横にいる名トレーナーのようでした。

柴山さんは、本書をイラストと合わせることも提案してくださいました。写真と合わせるのではなく、イラストと合わせるという着想。とても新鮮で、おもしろいと思いました。

そうして、本書に素敵な数々のイラストを寄せてくださったのがINAさんです。『牛乳配達DIARY』（第1回トーチ漫画賞大賞受賞作）や『つつがない生活』同様、人びとの日常の機微を確かに捉える描画でもって、本書の内容をイメージ豊かに表し出してくださいました。エスノグラフィをイラストと合わせることで、どのような知識生産が可能になるのか。これを機に考えていきたいところです。

柴山さんとINAさんのおふたり以外にも、校正担当の方をはじめ、多くの方々に伴走していただきました。みなさんに、心よりお礼申し上げます。

2024年7月　石岡丈昇

# 参考文献


## *はじめに

ピーター・スローターダイク『空震――テロの源泉にて』仲正昌樹訳、御茶の水書房、2003

マシュー・デスモンド『家を失う人々――最貧困地区で生活した社会学者、1年余の記録』栗木さつき訳、海と月社、2023

藤原辰史『戦争と農業』インターナショナル新書、2017

ピエール・ブルデュー+ロイック・J・D・ヴァカン『リフレクシヴ・ソシオロジーへの招待――ブルデュー、社会学を語る』水島和則訳、藤原書店、2007

ウィリアム・フット・ホワイト『ストリート・コーナー・ソサエティ』奥田道大+有里典三訳、有斐閣、2000

ブロニスワフ・マリノフスキ『西太平洋の遠洋航海者――メラネシアのニュー・ギニア諸島における、住民たちの事業と冒険の報告』増田義郎訳、講談社学術文庫、2010

## *第1章　エスノグラフィを体感する

ベネディクト・アンダーソン『越境を生きる――ベネディクト・アンダーソン回想録』加藤剛訳、岩波現代文庫、2023

石岡丈昇「スクオッターの生活実践」シノドス・ウェブサイト、2013（https://synodos.jp/opinion/international/5455l）

打越正行『ヤンキーと地元――解体屋、風俗経営者、ヤミ業者になった沖縄の若者たち』筑摩書房、20

１９
大野拓司＋鈴木伸隆＋日下渉編著『フィリピンを知るための64章』明石書店、２０１６
東北学院大学 震災の記録プロジェクト／金菱清（ゼミナール）編『呼び覚まされる霊性の震災学――３・11生と死のはざまで』新曜社、２０１６
佐藤郁哉『フィールドワーク増訂版――書を持って街へ出よう』新曜社、２００６
清水透『ラテンアメリカ五〇〇年――歴史のトルソー』岩波現代文庫、２０１７
ピエール・ブルデュー編『世界の悲惨1』荒井文雄＋櫻本陽一監訳、藤原書店、２０１９
Roland Girtler, *10 Gebote der Feldforschung*, LIT Verlag, 2009

## ＊第２章　フィールドに学ぶ

有賀喜左衞門『有賀喜左衞門著作集Ⅲ 大家族制度と名子制度――南部二戸郡石神村における』中野卓＋柿崎京一＋米地実編、未來社、１９６７
石岡丈昇『タイミングの社会学――ディテールを書くエスノグラフィー』青土社、２０２３
石岡丈昇『増補新装版　ローカルボクサーと貧困世界――マニラのボクシングジムにみる身体文化』世界思想社、２０２４
中野卓『鰤網の村の四〇〇年――能登灘浦の社会学的研究』刀水書房、１９９６
松村和則編『メガ・スポーツイベントの社会学――白いスタジアムのある風景』南窓社、２００６
松村和則＋青木辰司編『有機農業運動の地域的展開――山形県高畠町の実践から』家の光協会、１９９１
ブロニスワフ・マリノフスキ『西太平洋の遠洋航海者――メラネシアのニュー・ギニア諸島における、住民たちの事業と冒険の報告』増田義郎訳、講談社学術文庫、２０１０
村田周祐「移動の時代におけるムラの重層的な生活保障のしくみ――宮城県七ヶ宿町湯原と千葉県鴨川市

大浦の知恵に学ぶ」『村落社会研究　58』農山漁村文化協会、2022
村田周祐「ムラは課題の集積地なのか」トイビト・ウェブサイト、2023（https://www.toibito.com/toibito/articles/ムラは課題の集積地なのか）

## ＊第3章　生活を書く

ポール・G・クレッシー『タクシーダンス・ホール――商業的娯楽と都市生活に関する社会学的研究』桑原司ほか訳、ハーベスト社、2017
クリフォード・R・ショウ『ジャック・ローラー――ある非行少年自身の物語』玉井眞理子+池田寛訳、東洋館出版社、1998
ピエール・ブルデュ『実践感覚Ⅰ』今村仁司+港道隆訳、みすず書房、1988
松田素二『都市を飼い慣らす――アフリカの都市人類学』河出書房新社、1996
松田素二『抵抗する都市――ナイロビ　移民の世界から』岩波書店、1999
松田素二「アフリカという毒」、選書メチエ編集部編『学問はおもしろい――〈知の人生〉へどう出発したか』講談社、2001
松本康『「シカゴ学派」の社会学――都市研究と社会理論』有斐閣、2021
山田富秋+好井裕明『排除と差別のエスノメソドロジー――［いま－ここ］の権力作用を解読する』新曜社、1991
好井裕明「「啓発する言説構築」から「例証するフィールドワーク」へ――排除と差別のエスノメソドロジー再考」、好井裕明+桜井厚編『フィールドワークの経験』せりか書房、2000
好井裕明『批判的エスノメソドロジーの語り――差別の日常を読み解く』新曜社、1999

**＊第4章　時間に参与する**

有賀喜左衛門「真澄遊覧記信濃の部の刊行に際して」『有賀喜左衛門著作集Ⅶ　社会史の諸問題』中野卓＋柿崎京一＋米地実編、未來社、1969

岸政彦＋石岡丈昇＋丸山里美『質的社会調査の方法——他者の合理性の理解社会学』有斐閣、2016

鳥越皓之編『環境問題の社会理論——生活環境主義の立場から』御茶の水書房、1989

鳥越皓之＋嘉田由紀子編『水と人の環境史——琵琶湖報告書〔増補版〕』御茶の水書房、1991

中田英樹『トウモロコシの先住民とコーヒーの国民——人類学が書きえなかった「未開」社会』有志舎、2013

ピエール・ブルデュー『資本主義のハビトゥス——アルジェリアの矛盾』原山哲訳、藤原書店、1993

松田素二『日常人類学宣言！——生活世界の深層へ／から』世界思想社、2009

オスカー・ルイス『貧困の文化——メキシコの〈五つの家族〉』高山智博＋宮本勝＋染谷臣道訳、ちくま学芸文庫、2003

Ishioka, T., Boxing, Poverty, Foreseeability: An Ethnographic Account of Local Boxers in Metro Manila, Philippines. *Asia Pacific Journal of Sport and Social Science.* 1(2-3), (pp. 143-155) 2012

**＊第5章　対比的に読む**

ロイック・ヴァカン『ボディ＆ソウル——ある社会学者のボクシング・エスノグラフィー』田中研之輔＋倉島哲＋石岡丈昇訳、新曜社、2013

ヴィクター・セベスチャン『ハンガリー革命1956』吉村弘訳、白水社、2008

アラン・トゥレーヌ『人民チリの崩壊——1973年7—9月間の社会学的日記』真木嘉徳訳、筑摩書房、1975